17.80

DBV

Josef Seuffert

THOMAS MORUS

MOSAIK EINES MANNES

Don Bosco Verlag

Umschlag: Thomas Morus als Kanzler.
Zeichnung von Hans Holbein d. J. 1497(98)–1543.
Schloß Windsor

Autor und Verlag danken dem Chr. Kaiser Verlag München für die Abdruckserlaubnis der Briefauszüge von Verfolgten der Hitlerdiktatur (S. 140f.). Entnommen aus „Du hast mich heimgesucht bei Nacht", herausgegeben von H. Gollwitzer u. a., München 1954[9]

CIP – Kurztitelaufnahme der Deutschen Bibliothek

Seuffert, Josef: Thomas Morus: Mosaik
eines Mannes / Josef Seuffert. –
1. Aufl. – München: Don Bosco Verlag, 1985.
ISBN 3-7698-0527-5

Mitglied der »verlagsgruppe engagement«

1. Auflage 1985 / ISBN 3 7698 0527 5

Gesamtherstellung: Hieronymus Mühlberger GmbH, Augsburg

Inhalt

Lieber Thomas Morus 9

Ein Mensch aus der Milchstraße 12

Schule in der Nähnadelstraße 13

Der Page des Kanzlers 14

In der harten Schule von Oxford 16

Die Ausbildung zum Juristen 17

Bei den Kartäusern 18

Sensation im Unterhaus 21

More und die Frauen 22

Seine erste Frau Jane 26

Seine zweite Frau Alice 28

Die Ausbildung der Töchter 31

Freundschaft mit der Tochter 34

Erasmus von Rotterdam 38

Der neue Mensch 40

Unter-Sheriff von London 44

Der 1. Mai 1517 in London 45

Utopia 48

Er wußte, daß er träumt 50

Das Wort „Utopie“ 53

Gespräch über politisches Engagement 55
Humor 70
Ein Mann für alle Jahreszeiten 74
Thomas More und die Deutschen 75
Konsultation von Ärzten 77
Reichtum und Armut 78
Arbeitslosigkeit 79
Im Dienst des Königs 82
Die Rede des Speakers im Unterhaus 83
Die europäische Einigung 85
Narren im Regen und der Damenfrieden 89
Drei enttäuschte Hoffnungen 95
Der Kampf gegen die Reformation 97
Mores Schriften 100
Aus der „Antwort an Luther“ 101
Die Bußwerke 104
Die Bibel in der Muttersprache 107
Über das Altarsakrament 108
Das Gebet einer einfachen Frau 112
Der Primat des Papstes 113
Das Zeugnis eines deutschen Lutheraners 115
Nicht für alles Geld der Welt 116
Der Beter 118
Kommentar zur eigenen Biographie 120

Heinrich VIII. 121
Rücktritt, Verhaftung, Prozeß, Verurteilung 125
Hier stehe ich; ich kann nicht anders 131
Die Story von den zwölf Geschworenen 135
Der Tower in London 138
Briefe aus dem Kerker 140
More und Mindszenty 148
Der Tod des Thomas More 148
Es gelingt nicht, ihn zu vergessen 151
Wer mehr lesen will 152

Lieber Thomas Morus

Wenn ich so vor meiner Schreibmaschine sitze und Geschichten von Dir in die Tasten hineinerzähle, dann kommt es mir vor, als stündest Du hinter mir. Du beugst Dich über mich und machst Scherze über meine Versuche, Dir gerecht zu werden. Schon viele haben über Dich geschrieben. Und sie alle hatten den Eindruck, daß sie Dich nicht ganz zu fassen bekommen.

Aber man kommt nicht von Dir los. Ich kann es nicht lassen, von Dir zu erzählen. Ich halte es für ein großes Glück, Dir begegnet zu sein. Ich möchte Dein Freund sein.

Die Thomas-Morus-Gesellschaften in den verschiedenen Ländern nennen sich Amici Thomae Mori – Freunde des Thomas Morus. Das gibt es wohl bei keiner anderen Persönlichkeit der Weltgeschichte. Aber das liegt an Dir. Dein Freund Erasmus schrieb an Ulrich von Hutten, Du seist fähig zur Polyphilie, zur Freundschaft mit vielen Menschen. Die alten Philosophen hatten vor der Polyphilie gewarnt, weil das über die Kräfte geht. Du aber warst fähig dazu. Dein Leben bestätigt es. Und Deine heutigen Freunde glauben, daß Du auch jetzt noch der Freund vieler bist.

Freundschaft ist ein Wort der Gegenwart. Du bist schon 450 Jahre tot, und doch nennen wir uns Deine Freunde. Denn wenn man von Dir liest, steht man unter dem Eindruck der Gegenwärtigkeit. Das trifft für uns Menschen des 20. Jahrhunderts in wachsendem Maß zu. Es ist, als würde sich Deine Bedeutung für die Menschheit erst jetzt richtig entfalten.

Erstaunlich ist auch, wie weit der Kreis derer reicht, die Dich für einen großen Mann halten. Wir haben hier z. B. den Herausgeber eines Magazins, das wöchentlich sauren Regen und Schnee mit seinen Informationen auf uns niederträufeln läßt. Selbst der sagt von Dir, Du seist ein geglücktes Exemplar Mensch. In einem ungarischen Schloß haben die Kommunisten alle Bilder der Adeligen entfernt; nur Dein Bild haben sie hängen lassen. Du bist schon ein erstaunlicher Mann. Und es ist ein Trost, daß es Dich gibt.

Du bist ein Heiliger der katholischen Kirche. Heute wird wieder viel über Heilige geschrieben. Und man schreibt auch ungeschminkt über ihre Fehler. Dadurch rücken sie uns besonders nahe. Du aber bist uns ganz nahe, obwohl man an Dir keine großen Fehler entdecken kann. Schon vor fünfzig Jahren sagte R. W. Chambers, der die beste mir bekannte Lebensbeschreibung von Dir verfaßt hat, es sei die Crux eines Biographen, daß man so wenig Negatives an Dir entdecken könne.

Also, ich kann es nicht lassen, von Dir zu erzählen. Und ich hoffe, Dir damit neue Freunde zu gewinnen. Jetzt erscheinen ja Deine Werke nach und nach in deutscher Sprache. Und es gibt dicke Bücher über Dich. Vielleicht lassen sich meine Leser animieren, solche Bücher von Dir und über Dich zu lesen.

Mein Buch ist nicht eigentlich eine Biographie. Ich nenne es „Mosaik eines Mannes“, weil ich meine, daß die einzelnen Abschnitte sich wie Mosaiksteine zu einem Bild von Dir zusammenfügen. Dazu ist es nicht einmal nötig, die Abschnitte in der gegebenen Reihenfolge zu lesen.

Du selbst hast viel geschrieben, und ich zitiere Dich auch oft. Aber, die Wissenschaftler mögen mir verzeihen, ich mache keine Quellenverweise. Das macht vielleicht neugierig. Du kannst das verstehen, denn bei Deiner Lebensbeschreibung Richards III. fehlen auch die Hinweise auf Quellen.

Vielen hundert Menschen muß ich dankbar sein, die Informationen über Dich zusammengetragen haben.
Wem sonst sollte ich dieses Buch widmen als Dir selbst!

Dein Josef Seuffert

Ein Mensch aus der Milchstraße

Steigt man am Londoner Untergrundbahnhof Moorgate aus, liegt rechter Hand die City von London. Bevor man sie betritt, kreuzt man die Straße Fore Fields. An einem Hochhaus dieser Straße findet man eine Gedenktafel, die an die erste deutsche Bombe erinnert, die 1940 auf London fiel. Bei der Detonation dieser Bombe zersplitterten auch einige Scheiben der Kirche St. Giles Cripplegate, die ganz in der Nähe steht.

In dieser Kirche (d. h. in ihrer Vorgängerin, die 1545 niederbrannte) wurden am 24. April 1474 der Jurist John More und Agnes, geborene Granger, getraut. Sie bezogen ein Haus in der Milkstreet, die in der Nähe der Kirche liegt, auch in der Nähe des Londoner Rathauses. Diese ,,Milchstraße" gibt es heute noch, aber alle Häuser wurden bei der großen Feuersbrunst im Jahr 1666 ein Raub der Flammen. Das Geburtshaus des Thomas More existiert also nicht mehr.

Thomas wurde als zweites Kind des Ehepaares More geboren. Als erster Junge der Familie bekam er nach damals weit verbreitetem Brauch den Vornamen Thomas im Gedenken an den großen Heiligen der Engländer, Thomas Becket.

Voll Freude hielt der Vater das Ereignis auf der leeren Seite eines Buches fest. Daraus ergibt sich, daß der Geburtstag des Thomas More der 6. Februar 1478 ist, nämlich der Freitag nach dem Fest Mariä Lichtmeß im 17. Jahr der Regierung des Königs Eduard. Wohl einige Jahre später ergänzte John More die Eintragung: ,,nämlich am 7. Februar". Das war wohl ein Irrtum, der zu vielen Spekulationen über den wirklichen Geburtstag des Thomas More geführt hat. Und bis heute sind sich die Gelehrten nicht einig geworden.

Thomas Morus war also ein Großstadtjunge, der in den engen Straßen von London aufwuchs. Er hatte noch fünf Geschwister. Seine Mutter verlor er sehr früh und erlebte dann noch zwei Stiefmütter.
Übrigens erschien in seinem Geburtsjahr das erste in England gedruckte Buch.

Schule in der Nähnadelstraße

Die Kindheit des jungen More fiel in die Zeit der „Rosenkriege". Dreißig Jahre, von 1455 bis 1485, kämpften die beiden miteinander verwandten Fürstenhäuser Lancaster (weiße Rose im Wappen) und York (rote Rose im Wappen) um den Königstitel. Es waren unruhige Zeiten, die das Kind in London miterlebte. Viele Jahre später erinnert sich Thomas More noch genau an den Tag, an dem die Nachricht vom Tod Edwards IV. London erreichte. Das war 1483, und er war fünf Jahre alt.
Es folgten zwei Jahre der blutigen Herrschaft Richards III., dessen Geschichte Thomas More dreißig Jahre später schrieb. In der berühmten Schlacht bei Bosworth wurde Richard III. am 14. August 1485 von Heinrich Tudor besiegt. Die weiße Rose siegte gegen die rote Rose. Heinrich wurde noch auf dem Schlachtfeld zum König ausgerufen. Er trägt den Namen Heinrich VII.
Ein Jahr später (1486) heiratete Heinrich VII. Elisabeth von York, eine Tochter Edwards IV. Dadurch wurden die beiden Häuser verbunden. Die Rosenkriege waren beendet.
In dieser Zeit schickte John More seinen Ältesten in die

Schule. Die Antonius-Schule lag ganz in der Nähe des Elternhauses in der Threadneedle-Street. Diese „Nähnadel-Straße“ gibt es heute noch. Sie beginnt wenige Schritte östlich der Bank von England. Dort, wo die Schule stand, steht heute ein Bankgebäude. An dem Haus findet man eine Gedenktafel, die an die berühmte Antoniusschule erinnert.
Etwa fünf Jahre (man vermutet von 1485 bis 1490) besuchte der kleine Thomas diese Schule, in der er von Anfang an Latein lernte. Der Leiter der Schule hieß Nicholas Holt. Der Schulalltag war geprägt von Pünktlichkeit, Disziplin und einem enormen Lernpensum. Es ist anzunehmen, daß Thomas More einer der begabtesten Schüler war.
Als Nicholas Holt 1497 eine lateinische Grammatik mit dem Namen „Lac puerorum“ (Milch für die Knaben) herausgab, erinnerte er sich an seinen begabten Schüler, der sieben Jahre vorher die Schule verlassen hatte, und nahm in sein Schulbuch einige lateinische Gedichte des Neunzehnjährigen auf. Für Thomas More war es ein außerordentlicher Erfolg, schon in so jungen Jahren gedruckt zu werden.

Der Page des Kanzlers

John More wollte für seinen Thomas die beste Erziehung. Es gelang ihm, vielleicht durch die Vermittlung Nicholas Holts, ihn bei John Morton als Pagen unterzubringen. Das war etwa 1490. Der Junge war also zwölf Jahre alt.
John Morton war damals Erzbischof von Canterbury und Lordkanzler unter Heinrich VII. Damit hatte er das höchste Amt in der englischen Kirche inne, dazu das höchste politische Amt. Er hatte schon vorher so großes Ansehen, daß

sowohl Heinrich VI. (weiße Rose) wie Edward IV. (rote Rose) seine Dienste in Anspruch nahmen. Richard III. ließ ihn in Gewahrsam nehmen. Nach der Schlacht von Bosworth kam er als erster auf den Gedanken, die beiden Rosen durch Heirat zu verbinden, was dann auch geschah, als Heinrich VII. Elisabeth von York zur Königin machte. So hatte Morton ein Hauptverdienst am Ende der Rosenkriege. England konnte aufatmen.

Morton wurde 1486 Erzbischof von Canterbury und 1487 Lordkanzler.

Die Residenz des Erzbischofs von Canterbury ist bis heute in Lambeth, direkt gegenüber von Westminster. Dort verbrachte Thomas More zwei Jahre seines Lebens. Er lernte die Umgangsformen der feinen Gesellschaft. Noch mehr aber lernte er bei den vielen Gesprächen, deren Zeuge er wurde, während er die Herren bediente. Der Erzbischof erkannte die Begabung des Knaben. Einmal sagte er zu seinen Tischgenossen: „Dieses Kind, das uns hier bedient, wird jeder, der lange genug lebt, zu einem wunderbaren Mann heranwachsen sehen."

Der Page fiel im Hause Morton auch als Stegreifspieler auf. In der Weihnachtszeit wurden in vielen englischen Haushalten kleine Theaterstücke aufgeführt, so auch im Palast in Lambeth. Thomas More mischte sich manchmal unter die Schauspieler und spielte zum Vergnügen der Zuschauer mit. Durch seine improvisierten Rollen brachte er die andern Schauspieler ins Schwitzen.

Das älteste uns erhaltene englische Theaterstück mit weltlichem Inhalt wurde von einem Kaplan des Erzbischofs Morton geschrieben, einige Jahre, nachdem der junge More Lambeth verlassen hatte. In diesem Stück sind „Stegreifspieler" vorgesehen, die (nun nach vorgeschriebenem Text) die Bühne betreten.

Die beiden Jahre im Haus des John Morton, der 1493 auch

Kardinal wurde, blieben dem ehemaligen Pagen stets im Gedächtnis. In zweien seiner Bücher (Utopia und Richard III.) singt er das Loblied des großen Mannes.

In der harten Schule von Oxford

Erzbischof Morton wollte seinen begabten Pagen noch besser fördern. Deshalb schickte er ihn zum Studium nach Oxford. So kam Thomas More mit vierzehn Jahren an das dortige Canterbury-College (heute Christ-Church-College). Wieder war Latein das Hauptstudienfach. Die griechische Sprache war gerade neu ins Studium aufgenommen worden, und zwar von dem Humanisten Crocyn, der später im Leben Mores eine Rolle spielen sollte. Ob sich beide damals in Oxford kennenlernten und ob der junge Student sich auch mit der griechischen Sprache befaßte, ist nicht sicher.
John More, der Vater, war wohl mit der Handlungsweise des Erzbischofs nicht einverstanden. Er wollte zwar für seinen Sohn eine gute höfische Erziehung, aber ein Gelehrter und Priester sollte er nicht werden, sondern Jurist. Das war der Beruf der beiden Großväter und des Vaters. So hielt er den studierenden Halbwüchsigen sehr knapp.
Die nicht ganz zwei Jahre in Oxford wurden eine harte Zeit: Studium von morgens früh bis spät abends mit wenigen Zwischenpausen, karges Essen im College und „überhaupt kein Geld für irgend etwas", wie er später in der Rückerinnerung schreibt.

Die Ausbildung zum Juristen

Auf der nächsten Station der Ausbildung des jungen More war die Verpflegung etwas besser. John More drängte. Und im Jahr 1494 brachte er seinen Sohn in der Juristenschule New Inn in London unter. In London gab es mehrere solcher Juristen-Innungen. Die Ausbildung war von großer Qualität und bei den jungen Leuten begehrter als die Universitätsbildung in Oxford oder Cambridge.

Kurz nach seinem achtzehnten Geburtstag wurde Thomas in Lincolns Inn aufgenommen. Dort war das Essen wieder etwas besser. Aber noch gegen Ende seines Lebens bezeichnet More die Kost in Lincolns Inn als „Diät". Die Studien gingen zügig voran unter den Augen eines gestrengen, aber auch zufriedenen Vaters.

New Inn wurde in unserm Jahrhundert abgerissen. Lincolns Inn gibt es noch, allerdings sind es fast nur Neubauten. Ein Gebäude aus der damaligen Zeit steht noch: die „Alte Halle", die vier Jahre vor dem Eintritt Mores gebaut wurde. In ihr werden heute noch Vorlesungen und Vorträge gehalten. Auch Thomas More selbst hielt in diesem Raum Vorlesungen. Zur Erinnerung an das berühmte Mitglied von Lincolns Inn hängt in der Alten Halle sein Portrait, eine Kopie des Holbein-Gemäldes.

Thomas Morus wurde ein Vollblut-Jurist. Obwohl die anderen Studien ihn nicht losließen, an die er sein Herz gehängt hatte, kann man seine juristische Karriere nur glänzend nennen. Es ist zu bezweifeln, ob je ein Anwalt und Richter in Europa einen besseren Ruf genoß als Thomas More.

Als er später Lordkanzler wurde, saß er viele Tage zu Gericht. Damals war es wie heute: Es gab Verfahren, die sich jahrelang hinzogen; stets gab es einen Überhang an Fällen.

Eines Tages saß More im Gerichtssaal und rief den nächsten Fall auf. Der Gerichtsdiener meldete: „Es liegt kein Fall mehr vor." Dieses unerhörte Ereignis sprach sich herum und blieb im Gedächtnis der Menschen. Später entstand ein Vierzeiler, der bis heute nicht vergessen ist. Wegen eines Wortspiels ist er nicht gut zu übersetzen. Sein Inhalt: „Als More Kanzler war, gab es keine Fälle mehr zu entscheiden. So etwas geschieht niemals mehr, es sei denn, More käme wieder" (mehr = more).

Bei den Kartäusern

Der junge Jurist war inzwischen 21 Jahre alt geworden. Er begann in Furnivalls Inn mit eigenen Vorlesungen. Aber er hatte die Studien der Humanisten nicht vergessen. Seine Sehnsucht danach wurde gewaltig verstärkt, als er Erasmus von Rotterdam begegnete. Dieser besuchte im Jahr 1499 zum erstenmal England. Damals begann eine Freundschaft zwischen Erasmus und More, die ein ganzes Leben lang halten sollte. Wer die beiden zusammengebracht hat, wissen wir nicht. Aber offenbar ist der Funke sofort übergesprungen. Erasmus schreibt nach dieser ersten Begegnung: „Hat die Natur je etwas Sanfteres, Süßeres oder Glücklicheres hervorgebracht als das Genie des Thomas More?" Und das über einen Einundzwanzigjährigen!

Aber den jungen Mann trieben in diesem Jahr noch andere Gedanken um. Er hatte sich tief auf den Glauben eingelassen, und vor ihm stand die Frage, ob er nicht Priester werden solle. Zwar waren alle seine humanistischen Freunde Priester, und auch Erasmus war Kleriker. Aber die Frage saß tiefer. Damals war für den Blick des Oberflächlichen die Einsicht in die Größe des Mönchtums durch Mauern verstellt. Es gab zu viele negative Beispiele. Und ernst zu nehmende Leute forderten die Aufhebung der Klöster wegen der Mißstände, die offenbar waren. Thomas More sah durch den Vordergrund in die Tiefe. Er kannte aus der Geschichte der Kirche viele überzeugende Priester und Mönche. Und das faszinierte ihn. Und er fragte sich, ob er nicht zu einem solchen Weg berufen sei.

Zur Klärung dieser Frage nahm er sich vier Jahre Zeit. Und er ging die Sache gründlich an. In London gab es damals eine Kartause. Sie war von Kreuzfahrern gegründet worden. Sie war die einzige Kartause der Welt, die innerhalb eines Stadtbezirks lag. Die Kartäuser bevorzugten sonst einsame Lagen. Diese Klosteranlage in der City von London hatte eine Besonderheit. Es gab in ihr nicht nur die einzelnen Häuschen für die Ordensmitglieder, sondern auch solche, in denen unverheiratete Männer, die nicht zum Orden gehörten, leben durften. Heute nennt man das ‚Kloster auf Zeit'. Thomas More bezog eine solche kleine Hütte und blieb dort vier Jahre.

Seine Tätigkeiten behielt er bei, das juristische Studium, die Vorlesungen, später die Tätigkeit als Anwalt, dazu die zahlreichen Begegnungen mit seinen humanistischen Freunden, das Studium der griechischen Sprache sowie die Bemühung um Philosophie und Theologie. Und soweit es möglich war, machte er die Tagesordnung der Kartäuser mit: Tagzeitengebet, karge Mahlzeiten, Bußübungen. Vor allem war er wohl bei den nächtlichen Übungen der Kartäuser dabei. Damals gewöhnte er sich daran, nur wenige Stunden zu schlafen.

Vier Jahre, bis zum Ende des Jahres 1503, blieb More in der Kartause. Dann entschied er sich für den Laienstand. Aber er war Jakob vergleichbar, der mit dem Engel gerungen hat. In der Tiefe seines Wesens finden wir eine fast schwermütige

Sehnsucht nach dem mönchischen Ideal. Zeit seines Lebens trug er ein härenes Bußgewand, das er wohl bei den Kartäusern zum erstenmal angezogen hatte. Nur sein Beichtvater und seine Tochter Meg wußten davon. Dieses härene Hemd ist heute noch erhalten. – Ohne diese vier Jahre bei den Kartäusern ist Thomas Morus nicht zu denken.
Die Entscheidung war jedoch nüchtern und klar. Wir finden nicht den Schatten einer Unsicherheit. Ein Jahr später fällte in Deutschland ein anderer junger Mann die Entscheidung, ins Kloster zu gehen. Er bezeugt, daß ihn große Zweifel trieben. Der Mann hieß Martin Luther. Es war der Beginn von zwei sehr gegensätzlichen Lebenswegen zweier großer Männer, die einander niemals verstehen würden.
120 Jahre später, im Jahr 1623, fuhren acht englische Mädchen über den Kanal nach Belgien, um dort ein Benediktinerinnenkloster zu gründen. In England gab es keine Klöster mehr, aber es gab noch Menschen, die diesen Weg gehen wollten. Eine der acht jungen Damen hieß Helen More, siebzehn Jahre alt. Sie wird geschildert als außergewöhnlich charmant, klug und gebildet, stets zu Geselligkeit und Unterhaltung bereit, geübt im Verfassen von Stegreifgedichten, mit guter Singstimme, stets begierig nach Neuigkeiten, mit lebhafter Phantasie und scharfer Urteilskraft ausgerüstet. Helen kann ihre Abstammung nicht verleugnen. Sie ist die Ururenkelin des Thomas More. Als Nonne hat sie unter dem Klosternamen Gertrud More ein Buch geschrieben mit dem Titel: „Confessiones amantis – Bekenntnisse einer Liebenden“. – Sie war eine der vielen Nachkommen Thomas Mores, die den Weg gingen, den er für sich selbst nicht wählte.

Sensation im Unterhaus

Im Jahr 1504 wurde von König Heinrich VII. das Parlament einberufen. Thomas More wurde zum Abgeordneten gewählt. Damals hatte das Unterhaus nur beschränkte Vollmachten. Außerdem waren es die Könige gewohnt, daß das Parlament ihre Wünsche erfüllte. König Heinrich VII. wollte sich vom Unterhaus 90 000 Pfund bewilligen lassen im Zusammenhang mit der Heirat des Prinzen Arthur mit Katharina von Aragon und mit der Verheiratung seiner Tochter Margarete. Der König hatte einen Anspruch auf solche Zuschüsse aus dem Gewohnheitsrecht. Aber die geforderte Summe war enorm hoch.

Die Abgeordneten waren bestürzt. Sie murrten untereinander. Aber wer konnte es wagen, der Katze die Schelle anzuhängen? Der junge Anwalt aus der Londoner City wagte es. Die Rede bzw. die Debattenbeiträge Mores sind uns nicht erhalten. Aber es ist überliefert, daß seine Argumente es waren, die das Unterhaus dazu brachten, die überhöhte Forderung des Königs abzulehnen. Schließlich wurden 40 000 Pfund bewilligt.

Natürlich erfuhr der König, daß ein „bartloser Boy“ an allem schuld war. Er ärgerte sich über diese Unbotmäßigkeit und suchte Rache. Da der junge Anwalt noch kein Vermögen besaß, kühlte er sein Mütchen am Vater. Unter einem fadenscheinigen Grund wurde John More verhaftet und so lange im Tower eingesperrt, bis er 100 Pfund bezahlt hatte. R. W. Chambers schreibt in seiner Biographie: „Ich würde einige der frommen Betrachtungen, die More dreißig Jahre später im Tower schrieb, mit Freuden eintauschen gegen einen wahrheitsgetreuen Bericht über die Gedanken, die

John More sich an der gleichen Stätte über seinen Sohn machte."

Auch danach vergaß der König nicht seine Niederlage. So ist es verständlich, daß More sich überlegte, ob er sich nicht aufs Festland absetzen solle; erst als Heinrich VII. im April 1509 starb, wurde der Druck von ihm genommen.

More und die Frauen

Ganze sechzehn Jahre zählte Thomas More, als er sich zum erstenmal verliebte. Das Mädchen war vierzehn und hieß Elisabeth. Aber bald wurden die beiden getrennt und verloren sich aus den Augen. Fünfundzwanzig Jahre später trifft More diese Elisabeth wieder. Das animiert den einundvierzigjährigen Familienvater zu einem zauberhaften Epigramm:

Für Elisabeth

Kaum hatt' begonnen mein sechzehnter Lenz, mich fröhlich zu grüßen,
dir an der Lenze Zahl fehlten damals noch zwei,
als dein zartes Gesicht – o Gesicht, für immer zu meiden –
in mein verzücktes Herz goß seinen schuldlosen Charme.
Doch ein verschlossenes Tor hinderte Sterne zu leuchten,
und wir wurden getrennt, konnten uns nimmermehr sehn.

Schicksal hat uns geschieden, wir gingen verschiedene Wege.
Heut ist der Tag, der neu altes Feuer entflammt.
Schuldlos stahlst du mein Herz an des Lebens zartem Beginn;
immer noch hast du mein Herz, immer noch schuldlos wie einst.
Rein und scheu war die Liebe, die unsere Jugend beherrschte;
wenn heute fehlte die Scheu, bliebe durch Alter sie rein.
Wohlbehalten nach fünfundzwanzig so langen Jahren
haben die Himmlischen heut uns die Begegnung beschert.
Mögen die Götter mir schenken, nach wiederum fünfundzwanzig
in dein fröhlich Gesicht fröhlich zu schauen aufs neu'.

Thomas More mochte Frauen, aber er hatte keine Affären. Zur Sexualität hatte er eine überraschend unkomplizierte Einstellung. Er sah in ihr nicht den Inbegriff der Sünde, aber ebensowenig den Inbegriff der Liebe. Er zählt sie einmal unter den natürlichen Bedürfnissen des Menschen auf wie Essen und Darmentleerung. Das ist zugleich ironisch gemeint, weil auch damals viele Zeitgenossen die Sexualität zu „ernst" nahmen, im positiven wie im negativen Sinn. Ganz ernst nahm er aber Liebe und Treue. Er hat seine beiden Frauen von Herzen geliebt und ihnen die Treue gehalten. Er verachtete die Haltung von Männern, die nur treu waren, solange sie ihre eigene Verliebtheit dazu zwang.
Natürlich waren die Frauen, seine eigenen und andere, vor seinem Humor nicht sicher. Das hatte er von seinem Vater geerbt. Dem alten John More schreibt man den Spruch zu, der später von Haydn als Kanon komponiert wurde:

Ein einzig böses Weib gibt es nur auf der Welt;
nur schad, daß jeder seins für dieses einzge hält.

Der alte More gab auch öfter zum besten, heiraten sei ein gefährliches Glücksspiel: Man greife dabei in einen Sack mit vielen Schlangen und einem Aal; und nur wenige Männer bekämen den Aal zu fassen. – Solche lockeren Reden hinderten ihn aber nicht daran, dreimal zu heiraten. Vielleicht hat das den berühmten Sohn zum folgenden Distichon animiert:

Solches redet ein Mann, er redet und heiratet
trotzdem.
Wenn er auch sechse begräbt, führt er die siebte doch
heim.

Die Geheimnisse der Partnerwahl behandelt auch das folgende Epigramm:

O Schönheit, was nützt Schönheit?
Beim Herkules, ich weiß es nicht.
Denn, glühst du voll Verlangen,
wird Häßlichkeit dir schön sein.
Und friert dein Herz vor Abscheu,
ist Schönheit dir nur häßlich.
O Schönheit, was nützt Schönheit?
Ich weiß es nicht, beim Herkules.

Den Männern wird auch heute noch nachgesagt, daß sie dumme Frauen vorziehen und sich vor intelligenten Frauen fürchten. Falls das stimmen sollte, ist Thomas Morus ein weißer Rabe unter den Männern. Das folgende Gedicht fängt zwar konventionell an (Frauen sollen nicht so viel reden), aber es geht, gemessen an der Volksmeinung, überraschend weiter:

Welche Sorte Frau soll man wählen?

Immer soll ferne sein
von ihren Lippen fein
blöde Geschwätzigkeit –
immer nur Schweigsamkeit.

Unwissen meide sie,
Wissen, das ziere sie.
Lesen mit Zähigkeit
lerne sie jederzeit.

Wie uns die Sage sagt,
wenn ihr die Alten fragt:
Orpheus war, wie es scheint,
mit solchem Weib vereint.

Wer gäb sich Mühe sonst,
holte sein Eh'gespons
stracks aus der Höll' zurück,
wär sie ein dummes Stück.

Den Vorteil einer solchen Anschauung genossen vor allem die Töchter, aber auch seine beiden Frauen, wie wir noch sehen werden.

Der „Vaterwitz“ der Mores ist immer gegenwärtig, wenn es um Frauen geht. Als Thomas einmal gefragt wurde, warum er eine so kleine Frau geheiratet habe (gemeint war seine erste Frau Jane), antwortete er, er habe schon immer von zwei Übeln das kleinere gewählt. Aber sehr wohl unterschied er Scherz und Geschmacklosigkeit. Einmal mokiert er sich über die Männer, die nichts anderes zu tun haben, als im Wirtshaus zu sitzen und über ihre Frauen herzuziehen.

Und noch etwas muß gesagt werden: Er, der so viel geschrieben hat, ist äußerst zurückhaltend mit Mitteilungen über das Verhältnis zu seinen Frauen. Er war sich offenbar darüber klar, daß das Aufbrechen der Intimsphäre menschliche Verhältnisse verändert, und nicht zum Guten. Aber alle, die von Besuchen in seinem Haus berichten, rühmen die Harmonie seines Familienlebens.

Seine erste Frau Jane

Nachdem More die Kartause in London verlassen hatte – er war inzwischen 25 Jahre alt –, ging er daran, eine Familie zu gründen. John Colt, ein Mann aus Essex, lud den jungen Londoner Anwalt oft zu sich ein. Die beiden verstanden sich ausgezeichnet, denn sie waren beide komödiantisch begabt und trieben zusammen allerlei Schabernack. John Colt hatte achtzehn Kinder, darunter viele Mädchen. More war sehr von der zweiten Tochter angetan. Aber eines Tages hielt er um die Hand der ältesten Tochter an. Seine frühen Biographen begründen das damit, daß er der älteren keinen Kummer bereiten wollte, wenn zuerst die jüngere unter die Haube gekommen wäre. John Colt war hocherfreut, und so wurde Jane Colt die Frau des Thomas More. Sie war damals siebzehn Jahre alt, er neun Jahre älter. Sie heirateten im Januar 1505.

Jane war auf dem Land aufgewachsen, zwar gut erzogen, aber nicht gebildet. Nun kam sie in die Stadt in ein Haus in Bucklersbury, das den Namen die ‚alte Barke' trug. Die Umgebung war ihr fremd und die vielen gebildeten Leute, die zu ihrem Mann kamen, auch. Thomas hatte sich nicht an die Forderung seines Gedichtes von der Wahl der Frau gehalten, aber er wollte das Versäumte nachholen und stürzte sich mit Feuereifer auf die Bildung seiner Frau. Er wollte ihr Lesen, Schreiben, Latein und Musik beibringen. Sonntags nahm er Jane in Kirchen mit, in denen lateinisch gepredigt wurde. Zu Hause sollte sie die Predigt wiederholen. Das gab viele Tränen. Jane war verzweifelt, zumal auch die ständig belebten Gassen der City sie ängstigten. Jane verlangte es heim zu ihrem Vater. Auch Thomas war verzweifelt. Er hatte es so gut gemeint und doch alles falsch angefangen.

So ritt er eines Tages mit seiner jungen Frau aufs Land zum Schwiegervater. Dem klagte er sein Leid. John Colt riet ihm, von seinem Gattenrecht Gebrauch zu machen und seinem Weib eine gute Tracht Prügel zu verabreichen. Das würde bestimmt helfen. Aber Thomas weigerte sich, seine Frau zu schlagen. Der Vater schüttelte über so viel Unverstand den Kopf und löste das Problem auf seine Weise. Er holte seine Tochter, die am liebsten bei ihm geblieben wäre, und fuhr sie in so gekonntem Zorn an, daß die einzige Zuflucht für die kleine Frau ihr so furchtbar gescheiter Gatte war. Sie fiel ihm weinend um den Hals; beide versöhnten sich und ritten zurück nach London.

Die Krise war überwunden. Vielleicht half dazu auch die Freude auf das erste Kind, das unterwegs war. Jedenfalls war Thomas nun einfühlsamer. Jane lernte ein wenig Latein. Sie lernte Spinett und Flöte spielen, vor allem aber wurde die Geige ihr Lieblingsinstrument. Sie entwickelte sich von der schüchternen Hausfrau im Hintergrund zur vielgelobten Gastgeberin eines weltoffenen Hauses.

Schnell wuchs die Familie in der alten Barke. Im Oktober 1505 wurde Margaret geboren. Schon 1506 folgte Elizabeth und 1507 Cecily. John, der einzige Sohn, wurde 1509 geboren.

Doch diese glückliche Ehe währte nur etwas mehr als sechs

Jahre. Schon 1511 starb Jane. Nur 23 Jahre wurde sie alt. Niemals hat More seine Trauer über den frühen Tod seiner Frau in Worte gefaßt. Das war nicht seine Art. Aber in seinen Schriften kommt immer wieder der Gedanke an den Tod: „Mitten wir im Leben sind mit dem Tod umfangen." Eines seiner Epigramme hat zum Inhalt, daß das Leben selbst der Weg zum Tod ist:

Leichtsinnig lebt man dahin und glaubt, der Tod sei
noch ferne.
Mitten aber im Fleisch hält er sich heimlich versteckt.
Seit der Geburt schreiten Leben und Tod gemeinsam
voran,
und jede Stunde raubt dir aus dem Leben ein Stück.
Mitten am Wege wird uns des Todes Augenblick
treffen,
wie eine Lampe erlischt, wenn alles Öl ist verbraucht.
Tod, auch wenn er nicht tötet, ist stets der Begleiter
des Menschen.
Jetzt bei diesem Gespräch, jetzt ist das Sterben uns
nah.

Seine zweite Frau Alice

Janes Tod ließ Thomas mit vier kleinen Kindern zurück. Wer sollte sich um sie kümmern? Gewiß, seine Stiefmutter war da und Hausangestellte. Aber die Kinder brauchten eine Mutter. Er war gewohnt, das, was er als richtig erkannt hatte, sofort zu tun, wenn dies möglich war. Und so handelte er schnell. Sein Beichtvater, der Kartäuserpater John Bouge, berichtet: „Ich beerdigte seine erste Frau, und innerhalb eines Monats danach kam er an einem Sonntag zu mir, spät in der Nacht, und brachte mir eine Dispens, um am Montag darauf heiraten zu können.“ Offenbar scherte es ihn nicht, daß man ihn für pietätlos halten würde.

Er heiratete die Witwe Alice Middleton. Ihr Mann, ein Londoner Seidenhändler, war zwei Jahre vorher gestorben. Eines ihrer Kinder, das Mädchen Alice, brachte sie mit in den Haushalt. Sie war sieben oder acht Jahre älter als ihr neuer Mann.

Lady Alice war eine Frau von etwas derber Art. Aber sie hatte das Herz auf dem rechten Fleck. Zunächst schreckten die Freunde Mores zurück, die die zarte und freundliche Jane gewohnt waren. Aber dann kamen sie doch recht gut mit ihr aus. Denn sie übernahm sofort die Regie in dem großen Haushalt und war den Kindern eine gute Mutter.

Thomas, ihr Gatte, nahm sie, wie sie war. Er behandelte sie so liebevoll, als wäre sie ein Mädchen in jugendlicher Schönheit. Freilich konnte er es sich nicht verkneifen, gelegentlich witzige Bemerkungen über ihre Schwächen zu machen. Aber sie zahlte mit gleicher Münze zurück. Das machte beiden offenbar großen Spaß. Einmal kam sie von der Beichte zurück und sagte ihrem Mann, jetzt könne er fröhlich sein, denn sie habe sich von ihrer ganzen Widerspenstigkeit losgesagt und wolle nun von vorn beginnen. Die Doppeldeutigkeit dieser Mitteilung zeigt sie ihrem Mann ebenbürtig.

Natürlich kannte sie die lateinische Sprache nicht und hatte auch sonst keine Bildung genossen. More gab sich große Mühe. Mit dem Latein klappte es nur schlecht. Aber sie lernte Monochord, Flöte, Zither und Laute spielen. Mit vielen Komplimenten und Scherzen gelang es ihm, sie dazu zu bringen, täglich zu üben. Daß ihm dies gelang, zeigt, wie sehr sie ihn liebte.

Die Eigenarten ihres Mannes mußten diese praktische und handfeste Frau sehr verwundern. Aber sie duldete all das, was in ihren Augen nur Marotten waren. Es ging ihr wohl so wie dem Kommunisten Karl Kautzky, der in seinem Buch über die Utopia schrieb, man müsse Thomas More lieben, auch wenn man vieles an ihm nicht verstehe. Wie sollte er auch mit einem katholischen Heiligen zurechtkommen? Nun wollen wir damit nicht indirekt behaupten, Lady Alice sei eine Kommunistin gewesen. Dafür verstand sie zu viel von den Grundregeln der Ökonomie. Von welchem Kommunisten könnte man das behaupten? – Sie fand also ihren Mann wunderlich, aber sie versuchte nicht, ihn zu ändern. Sie nahm ihn, wie er war. Schließlich war er Untersheriff von London und Rechtsanwalt mit einem guten Verdienst. Das war nach ihrem Geschmack.

Trotz ihrer großen spitzen Nase – Lady Alice war ein Goldstück.

Auf seine Art hat Thomas More seinen beiden Frauen ein Denkmal gesetzt. Im Jahr 1532 verfaßte er seine eigene Grabschrift und ließ sie in Marmor meißeln. Sie zerbarst bei einem Bombenangriff im Zweiten Weltkrieg in vier Stücke, wurde aber wieder zusammengesetzt und ist in der Kirche in Chelsea zu sehen. Gegen Ende der Grabschrift steht ein lateinisches Gedicht:

Hier liegt meine Jane, die liebe kleine Frau des Thomas More.
Und hier meine Alice; und ich selber möchte hier liegen.
Drei Mädchen, einen Jungen gebar sie, meine Jane.
Mit den besten Stiefmüttern kann meine Alice sich messen.

So machte die erste meine jungen Jahre glücklich mit
Liebe,
so brachte die zweite Ruhe meinen älteren Tagen.
Umsonst scheint jede größeren Wert zu beweisen.
Für jede teilt sich mein Herz mit gleicher Neigung.
Der Religion Gebot und das Schicksal erlaubten es
nicht,
daß in dreifacher Eintracht wir hier konnten leben.
Das Grab gewährt's, der Himmel gewährt's,
daß wir beglückt im vereinten Stand.
Und es schenkt uns der Tod, was das Leben niemals
vermochte.

Der eine Teil des Wunsches, mit beiden Frauen im gleichen Grab zu ruhen, wurde nicht erfüllt.

Die Ausbildung der Töchter

Mit noch größerem Feuereifer als bei seinen Frauen stürzte sich Thomas More auf die Ausbildung seiner Kinder, vor allem der Töchter. Schulbildung gab es damals nur für Knaben, aber auch nur für wenige. Mädchen lernten zu Hause oder in fremden Haushalten ihre Pflichten als Frau, Hausfrau und Mutter. Bildung gab es nur in Klöstern oder an Fürstenhöfen. An ein Studium an der Universität war überhaupt nicht zu denken.
More hatte andere Ansichten über das Studium der Frauen. In einem Brief an William Gonell, einen Hauslehrer seiner Kinder, begründet er seine Auffassung:
,,Ich bin der Meinung, daß ebensogut wie der Mann auch

die Frau in den Wissenschaften etwas leisten kann. Beide sprechen ja die menschliche Sprache, beide haben von Natur aus den Verstand, der sie von den Tieren unterscheidet. Mit gleichem Recht können beide von ihrem Verstand Gebrauch machen und studieren. Und bei beiden können die guten Gedanken, die sie in Büchern finden, Frucht bringen. Nun behaupten einige, die Intelligenz der Frauen sei beschränkt; was diese hervorbrächten, sei unbedeutend. Frauen könnten niemals im echten Sinn Wissenschaft betreiben. Solche Worte schrecken natürlich die Frauen ab. Aber gesetzt den Fall, es wäre so, dann wäre es um so wichtiger, daß die Frauen eine gute Ausbildung bekommen, in der Literatur und in allen Wissenschaften."

Diese Auffassung des Thomas Morus hat sich erst in unserm Jahrhundert durchgesetzt. Damals war sie revolutionär. Erasmus von Rotterdam schreibt in einem Brief aus dem Jahr 1521: „Beinahe alle sind überzeugt, daß die Wissenschaften für die Unschuld und den guten Ruf eines Mädchens schädlich sind. Bis vor kurzem war ich auch dieser Meinung. More hat mich eines anderen belehrt."

Immerhin fingen Frauen an, sich um die Bildung der Mädchen zu kümmern. Im Todesjahr Mores gründete Angela Merici die Ursulinen. Und die Engländerin Mary Ward begann im Jahr 1609 ihr Werk. Noch heute gibt es bei uns die Schulen der Ursulinen und der „Englischen Fräulein".

Daß More mit seiner Auffassung ziemlich allein stand, merkte er deutlich. In einem Brief an seine Tochter Margaret schrieb er im Jahr 1523:

„Meine liebste Margaret, ich kann Dir gar nicht sagen, wie sehr ich mich über Deinen Brief gefreut habe, der so hervorragend geschrieben ist.

Und erst jetzt geht mir auf, daß das bitterer Ernst ist, was ich Dir manchmal im Scherz gesagt habe. Du wirst den Erfolg nie genießen können, der durch saure Arbeit erworben

ist. Man wird Deine Schriften nicht als Deine eigenen Werke betrachten. Jeder wird vermuten, daß man Dir geholfen hat oder daß Du gar abgeschrieben hast.
Ich kenne eine Frau, die deswegen, weil sie eine Frau ist, nie so berühmt werden kann, wie sie es verdient."
Mores Haus wurde eine richtige Schule, und er nannte es auch so. Er selbst mußte immer häufiger abwesend sein, oft monatelang. Aber er konnte bekannte Männer als Lehrer für seine „Schule" gewinnen, darunter auch einen Deutschen, den Astronomen Nikolaus Kratzer. Das Lernprogramm war auf der Höhe der Zeit: Latein, Griechisch, Mathematik, Logik, Astronomie, Rhetorik.
Die häufige Abwesenheit Mores hat für uns Heutige ihr Gutes. Es ist uns nämlich eine Reihe Briefe erhalten, die More an die Kinder und an die Hauslehrer geschrieben hat. Sie geben Auskunft, wie es in der Schule zuging. Es lohnt sich, sie nachzulesen.
Das Ganze war von Anfang an eingebettet in eine selbstverständliche Frömmigkeit. Heute würde man das, was More betrieb, eine ganzheitliche Erziehung nennen.

Und noch etwas muß erwähnt werden, nämlich eine damals ganz ungewohnte Form der Pädagogik. Man könnte sie nach Mores eigener Aussage die Erziehung mit der Pfauenfeder nennen. Hier ein Epigramm an die Kinder:

Eltern und Kinder hat die Natur sehr weise verbunden.
Dieses Band ist stark, wie es nur Herkules knüpft.
Es ist die Quelle der Ehrfurcht vor eurer kindlichen Seele.
Ich umarme euch oft, weil diese Ehrfurcht mich treibt.
Dieses Band ist der Grund, warum ich euch füttre mit Kuchen;

Äpfel, rund und reif, Birnen steck ich euch zu.
Dieses Band ist der Grund, warum ich euch kleide in Seide.
Tränen kann ich nicht sehn, nie ertrag ich's bei euch.
Oft hab ich euch geküßt und nur selten geschlagen, ihr wißt es:
Meine Rute war stets nur eine Feder des Pfaus.

Damals – und noch lange Zeit – war der Stock das wichtigste Erziehungsinstrument. More erreichte seine Ziele mit Güte, Überredung und Scherz. Darin war er allerdings Meister. Das Epigramm könnte den Verdacht wecken, More habe seine Kinder verzärtelt. Davon kann aber keine Rede sein.
Der Erfolg von Mores Erziehungsmethode war überwältigend. Seine Tochter Margaret wurde eine der gebildetsten Frauen ihrer Zeit. Zu den vier eigenen Kindern kam im Lauf der Zeit noch eine ganze Reihe anderer Jugendlicher, die die gleiche Ausbildung in Mores Haus genossen.

Freundschaft mit der Tochter

Wenn es nichts anderes von More zu berichten gäbe, als daß ihn eine innige Freundschaft mit seiner Tochter Margaret verband, dann würde er dennoch zu den bemerkenswerten Männern Europas zählen. Und wenn Margaret Roper, geb. More, nicht durch ihre außerordentliche Bildung bekannt wäre, man würde sich ihrer erinnern wegen dieser Freundschaft.

Der Vater vertraute seiner ältesten Tochter mehr als jedem anderen Menschen. Liebevoll nannte er sie Meg oder Megge. Wie diese Freundschaft gewachsen ist, können wir nur ahnen. Aber wie sie in ihrer Reife war, daran können wir teilhaben durch die Briefe, die uns erhalten sind. Vor allem sind es die Briefe aus den letzten Lebensmonaten des Vaters, als er im Tower saß. Meg war die einzige, die ihn ab und zu besuchen durfte. Doch lassen wir die beiden selber zu Wort kommen.

In seinem letzten Brief, den More am Tag vor seiner Hinrichtung schrieb, am 5. Juli 1535, lesen wir: „Sicher betrübe ich Dich sehr, meine gute Margaret, aber es wäre mir leid, wenn es noch länger als bis morgen dauern würde, denn das ist der Vigiltag von St. Thomas (Thomas Becket, Erzbischof von Canterbury, der große englische Märtyrer) und der Oktavtag von St. Petrus. Gerne möchte ich morgen zu Gott gehen. Es wäre ein passender Tag.

Nie habe ich Deine Liebe mehr geschätzt als in dem Augenblick, als Du mich zum letztenmal küßtest. Ich freue mich sehr, daß die Kindesliebe sich nicht scherte um die Vorurteile der Welt. Leb wohl, mein liebes Kind, und bete für mich, wie ich für Dich und alle unsere Freunde bete, daß wir uns im Himmel fröhlich wiederfinden. Ich danke Dir für alles, was Du für mich auf Dich genommen hast."

In einem Antwortbrief aus dem Jahr 1534 schreibt More: „Meine liebste Tochter, wenn ich Dir schreiben wollte, wieviel Freude und Trost mir Deine Briefe, aus denen die Kindesliebe spricht, bereiten, ein ganzer Haufen Kohlen, aus dem ich mir Griffel machen kann, würde nicht ausreichen. Und andere Federn habe ich ja nicht, meine gute Margaret."

Der Brief schildert dann die inneren Kämpfe und schließlich Mores Ergebung in den Willen Gottes. Danach kommt der Satz:

„Nun habe ich Dir, meiner geliebten Tochter, das innerste Geheimnis meiner Seele enthüllt."

Ein weiterer Brief aus dem Jahr 1534, der etwas später geschrieben ist, zeigt uns, daß Meg so denkt und so betet wie ihr Vater:

„Der Heilige Geist Gottes sei mit Dir!

Dein lieber töchterlicher Brief ist und bleibt ein so großer innerer Trost für mich, daß ich es gar nicht ausdrücken kann, mein liebes Kind. Ich finde ihn in vielem, was Du schreibst. Mit besonderer Freude sehe ich, daß Gott Dir die Gnade schenkt, den Unterschied zwischen diesem elenden Dasein auf der Erde und dem Reichtum des ewigen Lebens, das Gott denen schenkt, die in ihm sterben, klar zu erkennen. Wie es Christen geziemt, wollen wir Gott bitten, „daß er (es tut wohl, hier deine eigenen Worte zu wiederholen) in seinem gütigen Erbarmen unsere Liebe fest in der seinen verwurzele. Es gefalle ihm, daß wir, ohne groß auf die Welt zu achten, die Sünde meiden und die Tugend üben. Dann dürfen wir mit dem heiligen Paulus sagen: ‚Christus ist mein Leben und Sterben mein Gewinn.' und: ‚Ich sehne mich danach, aufzubrechen und bei Christus zu sein.'" Meine geliebte Tochter, ich bitte unsern Herrn, daß er mir die Gnade gibt, dieses Gebet, das er Dir eingegeben hat, täglich zu sprechen. Auch Du betest es täglich auf den Knien, wie Du schreibst. Wenn Gott uns diese Bitte erfüllt, so schenkt er uns damit alles, was man verlangen kann. Und, gute Margaret, bete Dein Gebet für uns beide; ich will es ebenfalls so tun.

Wir haben uns hier auf Erden in unsrer Freundschaft gegenseitig erfreut. Ich möchte, daß wir uns auch in der Seligkeit des Himmels an unsrer Freundschaft erfreuen zusammen mit den übrigen Verwandten, Freunden und Vertrauten. Dazu wollen wir uns gegenseitig mit viel gutem Rat und guten Gebeten verhelfen."

Die Briefe aus der Zeit davor zeigen, wie schwer es für die Tochter war, ihrem Vater bis in diese letzte Ergebenheit zu folgen, obwohl sie ihm so nahestand. Außer dem Beichtvater wußte nur sie allein, daß Thomas More ständig ein härenes Bußhemd trug. Ihr übergab er es gelegentlich zum Waschen.
Es ist zu bezweifeln, ob es je eine größere Freundschaft zwischen Vater und Tochter gegeben hat.

Margaret war nicht nur eine gebildete, sondern auch eine tapfere Frau. Nach der Hinrichtung wurde der Kopf ihres Vaters aufgespießt und auf der Londoner Themsebrücke zur Schau gestellt. Bevor er in die Themse geworfen wurde, konnte sie ihn an sich bringen. Als sie später mit ihrem Mann William Roper nach Canterbury zum Stammsitz der Ropers übersiedelte, nahm sie das Haupt ihres Vaters mit. Es wird erzählt, daß sie es in den Armen hielt, als sie dort mit 39 Jahren im Jahr 1544 starb. Das Haupt des Thomas More wurde dann in St. Dunstan bestattet, wo es heute noch ruht. Schon viele Thomas-Morus-Pilger haben in den letzten Jahren diese Gedenkstätte in Canterbury besucht.
Eine andere große Frau Englands bekam die Tapferkeit der Frauen aus Mores Familie zu spüren: Mary Ward, die Gründerin der ,,Englischen Fräulein". Es war im Jahr 1606. Die Katholiken wurden in England hart verfolgt. Mary Ward wollte aufs Festland, um dort in ein Kloster zu gehen oder ein Kloster zu gründen. Das war streng verboten. Es gab eine Frau in Canterbury namens Catharina Bentley, die solche illegalen Ausreisen unter eigener Lebensgefahr organisierte. Sie war die Enkelin der Margaret Roper, also die Urenkelin Mores, und die Hausherrin im Hause Roper. In diesem Haus verbrachte Mary Ward das Pfingstfest im Jahr 1606. Catharina Bentley trug sie als Tochter in ihren Paß ein

und segelte mit ihr am Donnerstag nach Pfingsten über den Kanal nach St. Omer in Flandern.
Übrigens schlossen sich auch zwei Frauen aus der Nachkommenschaft Mores der Mary Ward an, was damals großen Mut erforderte, wie jeder weiß, der die Geschichte Mary Wards kennt. Es waren zwei Nichten der schon genannten Benediktinerin Gertrud More.

Erasmus von Rotterdam

Wenn man von Humanismus spricht, spricht man auch von Erasmus von Rotterdam, und wenn man von Erasmus spricht, muß man auch von Thomas More sprechen. Beide waren ein Leben lang befreundet. Erasmus schrieb nach dem Tod Mores: ,,Wir hatten beide nur eine Seele." Und More schrieb: ,, . . . liebster Erasmus, der du mehr als die Hälfte meiner Seele bist."
Als Erasmus zum erstenmal England besuchte, war er noch auf der Suche. Er konnte noch kein Griechisch. In England begegnete er Männern, die ihn sehr beeindruckten. Sie hatten die humanistischen Ideen aus Italien aufgenommen und waren dabei, sie auf ihre Art zu verarbeiten. Die Begegnung mit ihnen ließ Erasmus zu seinem Lebenswerk finden. Diese Männer waren John Colet, William Crocyn und Thomas Linacre. Sie waren zugleich die Lehrer und Freunde des jungen More. Und in diesem jungen Mann fand Erasmus seinen besten Freund. So verschieden ihre Charaktere waren, so dauerhaft war ihre Freundschaft. Man sagt, More sei der einzige Mensch aus dem großen Bekanntenkreis des Erasmus, über den dieser nie ein kritisches Wort sprach oder

schrieb. Das will etwas heißen, denn Erasmus hat sich oft über vieles und viele beschwert.
Von Sommer 1499 bis Januar 1500 besuchte Erasmus zum erstenmal England. Danach besuchte er Italien, beschäftigte sich wie seine englischen Freunde intensiv mit der griechischen Sprache und veröffentlichte seine ersten beiden Bücher, die ihn mit einem Schlag berühmt machten.
Der zweite Englandbesuch des Erasmus fällt in die Jahre 1505 und 1506. More hatte gerade seinen Hausstand gegründet, und Erasmus wohnte die meiste Zeit bei ihm. Diese Zeit vertiefte ihre Freundschaft. Die gemeinsame Liebe zur griechischen Sprache brachte sie dazu, einige Dialoge des Lukian gemeinsam vom Griechischen ins Lateinische zu übersetzen. Das Ergebnis brachte Erasmus in Paris heraus. Das Buch erschien in vielen Auflagen und war ein Markstein für die Wiederentdeckung der antiken Literatur in der damaligen Zeit. Bei frommen Leuten kamen die beiden mit dieser Veröffentlichung aber in Verruf, denn Lukian ist ein Spötter und Satiriker, dazu ein Kritiker der Religion. Die Frömmigkeit der beiden Übersetzer wurde offensichtlich nicht angekratzt, jedoch wurde ihr kritischer Sinn gegenüber den Zuständen in der damaligen Kirche und Gesellschaft geschärft.
Bei der Lukianübersetzung in London ging es offenbar sehr vergnüglich zu. Erasmus schreibt aus London aufs Festland: „Obgleich ich nun schon viele Jahre hindurch in der griechischen Literatur aufgegangen bin, habe ich neulich angefangen, Latein zu reden, und dies auf Bestreben des Thomas Morus, dessen Gelehrsamkeit so beschaffen ist, daß er sogar einen Feind überzeugen könnte. Ich halte auf ihn so große Stücke, daß ich mit Vergnügen gehorchen würde, wenn er mir geböte, zu tanzen oder Ringele-Ringele-Rose zu spielen. – Seinem Genie sind ebenbürtig die Unterhaltungsgabe, die wunderbare Frohmut im Benehmen und der Überfluß an freundlich-harmlosem Witz."

Das Band der Freundschaft blieb so fest, wie es 1505 geknüpft wurde. Beide blieben in Briefverbindung und trafen sich ab und zu in England oder auf dem Festland.
Erasmus war nicht unumstritten, er wurde oft hart attakkiert. More verteidigte ihn stets mit Vehemenz, auch wenn er einmal die Meinung seines Freundes nicht teilte.
Von einem Freundesdienst des Erasmus soll noch berichtet werden. Als More Kanzler wurde, ahnte der sensible Erasmus, daß sein Freund in Bedrängnis geraten würde. Schon 1530 äußerte er, er fürchte, daß es in England zu einem Blutbad kommen würde. Als More vom Kanzleramt im Jahr 1532 zurücktrat, schrieb er einen Brief an den Freund, in dem er erklärte, er sei aus gesundheitlichen Gründen zurückgetreten. Erasmus schrieb seinerseits sofort einen Brief an Bischof Faber von Wien, in dem er diese Information deutlich weitergab. Außerdem enthält der Brief viel Lob für Heinrich VIII. Erasmus sorgte dafür, daß Hunderte von Nachdrucken dieses Briefes nach England kamen. So wollte er helfen, seinen Freund vor der Einkerkerung zu bewahren.

Der neue Mensch

Man kann die Bewegung des Humanismus gar nicht hoch genug einschätzen, auch wenn sie schließlich von der Reformation überrundet wurde. Unter „Renaissance“ (Wiedergeburt) verstehen wir die Wiederentdeckung der antiken Welt. Die Bewegung ging von Italien aus. Der Überschwang der Entdeckung führte einige Leute bewußt oder unbewußt in eine Distanz zum Christentum. Das traf jedoch für die führenden Vertreter nördlich der Alpen nicht zu. Erasmus, Colet, Crocyn und More waren allesamt fromme Leute. Trotzdem denunzierte man Erasmus immer wieder als einen Verächter des Evangeliums und der wahren Theologie. Manche tun es bis heute. More macht jedoch eine Ausnahme. Der einzige, der ihm vorwarf, das Evangelium verachtet zu haben, war Martin Luther.

Aber zunächst hatten es die Humanisten nicht mit den Reformatoren zu tun, sondern mit den Vertretern der Spätscholastik und mit einer kirchlichen Praxis, die zum Himmel schrie. Die beiden bedeutendsten Vertreter der neuen Geistesrichtung, Erasmus und More, brachten ihre Kritik mit Witz und Schärfe vor. Es lag ihnen fern, die Kirche zu beseitigen und Christus durch antike Götter zu ersetzen. Sie hatten im Gegenteil ein neues christliches Menschenbild vor Augen.

Erasmus hat diesen neuen Menschen am deutlichsten formuliert, More hat ihn am überzeugendsten gelebt. Hierin liegt wohl die große Bedeutung Mores auch für unser Jahrhundert. Vieles, was das Zweite Vatikanische Konzil über den christlichen Menschen sagt, hätte damals schon Allgemeingut werden können, hätte der laute und erbarmungslose Schlagabtausch um die Reformation nicht alles zertrampelt. Die vornehme Stimme des Erasmus konnte sich nicht durchsetzen. Und was ist das für eine Welt, die einen Thomas Morus nicht am Leben läßt!

Was war das für ein neues Menschenbild? Bildung des Geistes und des Herzens, biblische Theologie (ihre Erneuerung aus den Quellen, zu denen auch die Kirchenväter und die Konzilien zählten) und Frömmigkeit des Herzens, Friede im geeinten Europa und Weltbürgertum, Weltbejahung und Leben im Anblick der Ewigkeit zugleich, Vertrauen, daß der Mensch ein Christ sein kann, der diesen Namen verdient. Es schien ein wirklicher Frühling anzubrechen.

Ein kleines Beispiel dieser Zuversicht soll hier wiedergegeben werden. More ist überzeugt (mit dem Evangelium und auch mit den Griechen), daß es froh macht, gut zu sein. In den „Vier letzten Dingen" schreibt er im Abschnitt über die Völlerei:

„Welch ein Wunder: Die Welt ist so töricht, lieber Sünden mit Schmerz zu üben als Tugend mit Vergnügen. Schon zu Beginn habe ich gesagt und werde es noch oft wiederholen: Tugend bringt Freude, und Laster ist nicht ohne Schmerz. Dabei rede ich nicht von der kommenden Welt, sondern vom gegenwärtigen Leben. Aber selbst dann, wenn Tugend Schmerz brächte und Laster nur Angenehmes, wäre es sehr töricht, statt mit einem kurzen Schmerz ewige Freude zu gewinnen, lieber ein kurzes Vergnügen zu genießen um den Preis ewiger Schmerzen. Da es aber tatsächlich wahr ist, daß Sünde schmerzhaft und Tugend angenehm ist, welch eine große Narrheit ist es dann, lieber den Schmerz der Sünde auf sich zu nehmen, die uns ewige Verdammnis bringt, als wohltuende Tugend, die uns ewige Freude im Himmel beschert."

Erasmus hat den neuen Menschen ausführlicher und im Zusammenhang beschrieben. Er tat das am 23. Juli 1519 in einem Brief an Ulrich von Hutten. Darin beschreibt er das Leben des Thomas More. Dieser Brief ist es wert, ganz gelesen und behalten zu werden, nicht nur um Thomas More kennenzulernen, sondern auch um zu verstehen, was die beiden Freunde unter Humanismus verstanden. Hier einige Ausschnitte:

„Erasmus von Rotterdam grüßt den hochberühmten Ritter Ulrich von Hutten. Wenn Du die Persönlichkeit des Thomas Morus so sehr liebst, fast möcht ich sagen, in sie vernarrt bist, offenbar von seinen Schriften entzückt, dem Gelehrte-

sten und Anmutigsten, das man sich denken kann, wie Du mit Recht schreibst, so teilst Du das, glaube mir, edler Hutten, mit vielen ...
Es ist mir lieb, in der Betrachtung des Freundes zu verweilen, der mir von allen der liebste ist ...
Es ist kaum leichter, Morus zu malen als Alexander den Großen oder Achilles; beide verdienen die Unsterblichkeit nicht mehr als unser Morus.
Selbstherrlichkeit war ihm immer in besonderer Weise verhaßt, im selben Maß, wie Gleichheit ihm am angenehmsten war ...
Was soll ich viele Worte machen? Wenn jemand ein vollkommenes Vorbild wahrer Freundschaft sucht, wird er es bei niemandem besser finden als bei Morus ...
In der Gesellschaft sind seine Höflichkeit und das Angenehme seiner Sitten so einzigartig, daß niemand so trüben Sinnes ist, den er nicht aufheiterte, kein Ding so grausig, daß er den Verdruß darüber nicht verscheuchte ...
Schon von Kindheit an freute er sich so an Scherzen, daß er dazu geboren zu sein scheint ... Er freut sich sehr am Witz, wenn er fein ist und nach Geist riecht ...
Nichts begegnet ihm unter den menschlichen Dingen, wovon er sich nicht eine Freude erjagte ...
Mit Freundlichkeit leitet er die ganze Familie, in der es keine Szenen und keine Prügel gibt. Und niemals entließ er jemand als Feind oder in feindlicher Gesinnung ...
Seine Liebe ist nicht lästig, und doch versäumt er nie die Pflichten der Liebe ...
Er ist ein sorgsamer Diener wahrer Frömmigkeit. Er hat seine Stunden, in denen er Gott im Gebet dient, aber nicht, weil es üblich ist, sondern weil es von Herzen kommt. Mit Freuden spricht er über das Leben der künftigen Welt, und man erkennt: Er spricht aus dem Herzen."
Wenn man bedenkt, was man heute landläufig unter Huma-

nismus versteht, dann wird man traurig. Denn das ist nur ein fader Aufguß von dem, was damals war; vor allem meinen heutige Humanisten, ohne Gott auskommen zu können. Darum tut uns das Beispiel des Thomas More so gut.

Unter-Sheriff von London

Der Anwalt Thomas More war in London ein bekannter Mann. Als König Heinrich VIII. im Jahr 1510 sein erstes Parlament einberief, wurde More einer der Londoner Unterhausabgeordneten. Im gleichen Jahr wurde er Anfang Oktober zum Unter-Sheriff von London ernannt. Sein erstes politisches Amt führte ihn also in die Kommunalpolitik seiner Heimatstadt. Die Aufgabe eines Unter-Sheriffs bestand in der juristischen Beratung des Bürgermeisters und in der Ausübung des Richteramtes in Zivilsachen, die in die Zuständigkeit der Stadt fielen.

Die Art, wie der neue Unter-Sheriff die Prozesse führte, fiel sofort auf. Er urteilte sicher, zeit- und kostensparend, vor allem aber unbestechlich. Von Woche zu Woche (donnerstags war Gerichtstag) festigte sich sein Ruf als gerechter Richter, dem keiner gleicht.

Seine Anwaltspraxis und die juristischen Vorlesungen behielt er bei. Alle rissen sich darum, von ihm vertreten zu werden, wenn sie in einen Prozeß verwickelt wurden. Berühmt wurde ein Prozeß, in dem er den Papst vertrat. Ein päpstliches Schiff war von Leuten des Königs aufgebracht worden. More gewann den Prozeß mit Bravour. Der unterlegene König war mehr beeindruckt als verärgert und ver-

suchte von da an noch intensiver, den klugen Mann in seinen ständigen Dienst zu ziehen.
Einzelaufträge des Königs hatte More schon mehrere bekommen: so die Untersuchung eines Mordfalles auf der Insel Wight 1510, die Handelsdelegation nach Flandern 1515 (Entstehung der Utopia) und eine Untersuchungskommission über die Umwandlung von Ackerboden in Weideland in der Grafschaft Hampshire Ende Mai 1517.
Die folgende Geschichte macht deutlich, was die Londoner an ihrem Unter-Sheriff hatten. Shakespeare hat daraus eine Theaterszene gemacht als Teil eines geplanten Thomas-Morus-Dramas. Er hat das Stück aber nicht vollendet. Man kann verstehen, daß die Londoner ihren Helden im Jahr 1518 nur ungern aus dem Amt des Unter-Sheriffs ausscheiden sahen, als er an den Hof des Königs ging.

Der 1. Mai 1517 in London

In London lebte damals eine größere Zahl ausländischer Händler und Handwerker. Sie stammten aus allen europäischen Ländern, meist aus Flandern und aus den Hansestädten. Gegen diese Fremden kam es im Frühjahr 1517 in London zu Unruhen.
Zwei junge Leute nutzten die Stimmung in der Bevölkerung aus. Wie moderne Agitatoren schürten sie den Haß. Sie verbreiteten Geschichten, etwa daß ein französischer Schneider die Frau eines Engländers verführt hätte.
An Ostern kam es zu den ersten Unruhen im Anschluß an die Predigt eines volkstümlichen Paters, in der er die Fremden öffentlich beschimpfte.

In den letzten Apriltagen wurden die Ausschreitungen bedrohlicher. Fremde wurden auf den Straßen angerempelt und in die Gosse gestoßen. Die Behörden bekamen es mit der Angst zu tun. Sie wagten nicht, selbständig Maßnahmen zu beschließen. Der Unter-Sheriff Thomas Morus und der Richter am Kriminalgericht, Richard Brook, wurden zum Lordkanzler Wolsey geschickt, um Instruktionen einzuholen.
Das Ergebnis war eine Ausgangssperre, die in der Nacht vom 30. April zum 1. Mai von 21 Uhr abends bis 7 Uhr morgens über London verhängt wurde. Vor allem die Londoner Lehrlinge waren darüber sehr erbost, denn sie wollten in der Frühe des 1. Mai ihr traditionelles Mai-Gelage halten, das um 7.30 Uhr beginnen sollte, also bereits eine halbe Stunde nach Ende der Ausgangssperre. So blieb keine Zeit zur Vorbereitung.
Um neun Uhr abends wollte ein Ratsherr einige junge Leute, die auf der Straße spielten, in die Häuser schicken. Als einer davon eine patzige Antwort gab, wollte der Beamte ihn verhaften. Das war das Signal zum Aufruhr. Mit knapper Not konnte der Ratsherr sich retten. Junge Leute rotteten sich auf den Straßen zusammen. Ihre Zahl wuchs auf über tausend. Sie brachen Gefängnisse auf und befreiten die Gefangenen. Nun waren auch ausgewachsene Kriminelle unter den Demonstranten.
In dieser bedrohlichen Situation bat der Rat der Stadt den Mann um Hilfe, der in London das größte Ansehen genoß: Thomas Morus. Er, der sonst das Reiten verabscheute, schwang sich auf ein Pferd und ritt dem Demonstrationszug entgegen. Er brachte den Zug zum Stehen und erreichte, daß die jungen Leute ihm zuhörten. Sein Argument: Gewalt erzeugt Gewalt. Wenn ihr euch heute durchsetzt, wird das für andere ein Beispiel sein. Vielleicht seid ihr dann die Opfer. Die Menschen können nicht zusammenleben, wenn einer

den andern verschlingt, wenn das Recht des Stärkeren gilt. Es ist bezeichnend, daß More nicht mit Repressalien drohte, sondern zu überzeugen versuchte. Und es gelang ihm fast, sehr zum Unmut der Agitatoren. Die Demonstration begann sich aufzulösen. Da flogen einige Steine. Ein Beamter, der neben More stand, wurde getroffen. Er schrie: „Nieder mit ihnen!", und sofort brach der Aufruhr wieder los, aber nicht mehr so wild wie vorher. Es kam zu Plünderungen. Aber es wurde kein Fremder getötet, und um drei Uhr in der Nacht herrschte Ruhe.

Doch das Signal zum Eingreifen der königlichen Truppen war gegeben. (Die Stadt London durfte damals nur bei einem „Notstand" von Soldaten des Königs betreten werden.) Der Kommandant des Tower ließ London mit Geschützfeuer belegen. Es richtete nicht viel Schaden an, aber der erste Schritt zu einer Intervention des Königs war getan. Die städtischen Behörden begannen um fünf Uhr morgens, die Aufrührer zu verhaften, deren sie habhaft werden konnten.

Die Ruhe war hergestellt. Trotzdem besetzten am 4. Mai Truppen des Königs die Stadt London. Unter Führung von Herzog Norfolk zogen 1300 Geharnischte in die Stadt. Sie kontrollierten alle wichtigen Punkte. Der Belagerungszustand wurde verhängt. Die Bevölkerung war aufs äußerste empört und verbittert, konnte sich aber nicht wehren. Neue Verhaftungen wurden vorgenommen. Auf einigen Plätzen wurden Galgen errichtet. 21 Gefangene wurden auf einmal hingerichtet. Sie wurden vor den Augen der Londoner gehängt, ausgeweidet und gevierteilt. Allen anderen Gefangenen drohte die gleiche Strafe. Das Verbrechen: Verrat gegen die Freundschaft des Königs mit anderen Nationen. Unter den Gefangenen waren dreizehnjährige Kinder. Die Mehrzahl waren junge Leute, Kinder der Londoner Familien. Die beiden Anstifter konnten übrigens nicht gefaßt werden.

Die Stadt war wie gelähmt. Wieder war es Thomas More, der den Ausweg fand. Er rettete Hunderten von Gefangenen das Leben und erreichte, daß die Besatzungstruppen London verließen.
In Westminster wurde ein großes Schauspiel veranstaltet, ausgedacht von Thomas More:
Vor dem König erschienen der Bürgermeister und der Rat der Stadt. In ihren Prunkgewändern warfen sie sich vor dem Thron nieder. Dann wurden die Gefangenen hereingeführt, alle nur mit einem Hemd bekleidet, mit gefesselten Händen und einem Strick um den Hals. Es waren vierhundert Männer und elf Frauen. Sie riefen: „Gnade, gütiger Herr, Gnade!" Königin Katharina stand auf, legte ihren Schmuck ab, löste ihr Haarband, warf sich vor dem König nieder und legte Fürbitte ein. Lordkanzler Wolsey hielt zuerst noch eine Mahnrede. Dann wurde die Vergebung des Königs verkündet.
Diese Ereignisse vermehrten den Ruhm des Unter-Sheriffs bei den Londonern ganz erheblich. Bis heute heißt in London der 1. Mai 1517 „der böse Maitag".

Utopia

Wie entsteht ein Werk der Weltliteratur? Wohl niemals dadurch, daß einer die Absicht hat, ein solches Werk zu schaffen. Die Utopia des Thomas More ist dafür typisch. Wie entstand dieses meistgedruckte und meistgelesene Buch aus seiner Feder?
Es war im Frühjahr 1515, da nahm Thomas More in Flan-

dern an Verhandlungen mit Karl von Kastilien, dem späteren Kaiser Karl V., teil. Es ging um einen Handelsvertrag. Als die Vertreter Karls die Verhandlungen unterbrachen, um sich neue Instruktionen zu holen, gab es für die Engländer ein paar ruhige Tage. Offenbar in dieser Zeit der Muße kam dem Thomas More eine Idee für ein Buch. Und da er Zeit hatte, konnte er sich hinsetzen und mit dem Schreiben beginnen. Damals wurden die Berichte von der Entdeckung Amerikas viel gelesen und viel diskutiert, vor allem der Reisebericht des Amerigo Vespucci.

Die Idee Mores war, ein Staatswesen auf einer neu entdeckten Insel zu schildern, das ganz vernünftig geordnet war. Es wurde ein Geniestreich, der erste Science-Fiction-Roman. Das Wort gab es damals noch nicht. Aber seit der Utopia des Thomas More wurden viele Bücher nach dem gleichen Muster geschrieben. War es bei ihm eine Insel in einer unbekannten Weltgegend, so sind es heute unbekannte Planeten, die Schauplatz solcher Bücher sind. Dieser Vergleich sagt aber nichts über deren Qualität aus.

Man nennt diese Literaturgattung utopische Literatur, weil das erste dieser Bücher Utopia hieß. Utopia ist ein nicht ganz korrektes griechisches Kunstwort und bedeutet „nirgendwo" oder noch wörtlicher „(Insel) ohne Ort". So wird im Titel die Fiktion schon deutlich. Was der Autor sich zusammengedacht hat, das muß man selbst lesen. Es bereitet großes Vergnügen. Gleich mehrere Übersetzungen sind preiswert zu kaufen. Ursprünglich ist die Utopia in Latein geschrieben.

More selbst hatte viel Spaß am Schreiben in Flandern, fern von den vielen Geschäften zu Hause. Er nahm das Manuskript mit zurück nach England. Und dort geschah etwas Eigenartiges: More schrieb weiter an seinem Buch, und zwar einen Bericht, den er dem schon vorhandenen Teil voransetzte. Warum tat er das? Bekam er Angst vor der eigenen

Courage? Spürte er, daß man ihn später gründlich mißverstehenwürde? Wir wissen es nicht.
So ist das fertige Werk ein Buch mit zwei Abschnitten. Zuerst wird ein Gespräch in Antwerpen mitgeteilt, und dann wird der Staat auf der Insel Utopia beschrieben. Das Gespräch im ersten Teil hat zwei Gegenstände, einmal die Zustände in England und dann die Frage, ob sich ein Mann von Geist politisch engagieren soll.
Noch im Jahr 1516 wurde die Utopia zum erstenmal gedruckt, und zwar in Löwen bei Theodorus Martinus von Aelst. Wie viele Exemplare in wie vielen Sprachen seitdem auf den Markt kamen, hat noch niemand untersucht.
Sofort erweckte das Buch großes Aufsehen. Die einen lasen es wie ein Märchen, die andern nahmen es als Tatsachenbericht. Später wurde es als Staatsentwurf ernstgenommen. Bis heute sind sich die Kenner der Utopia nicht einig, wie das Buch zu deuten ist, was der Autor eigentlich gemeint hat. Schon die Zeitgenossen sagten von Thomas More, man wisse nie, ob er etwas ernst meine oder nur im Spaß sage.

Er wußte, daß er träumt

Daß die Schilderung „der besten Staatsverfassung und der neuen Insel Utopia“ eine Fiktion ist, darüber sind sich alle einig. Uneinig sind sich die Deuter, ob More dachte, man könne seine Fiktion einmal verwirklichen, oder ob er aus anderen Gründen fabuliert hat. Zu der ersten Deutung bekennen sich alle Sozialisten, vor allem aber die Kommunisten, denn More schildert, wovon ein Kommunist nur träumen kann. Und da sind wir beim Stichwort: „Träumen“.

Wir wissen, daß der real existierende Sozialismus von Glück und Wohlstand in Utopia weit entfernt ist. Gibt es einen Kommunismus, in dem die Nachteile des heutigen Kommunismus fehlen, oder liegen die Fehler in der Logik des Systems? Was dachte More darüber?
Er kannte noch kein kommunistisches System, er hatte nur seine Fiktion. Was hielt er davon? Eines fällt sofort auf: In der Utopia wird die ideale Staatsform geschildert und verteidigt von einem Mann namens Hythlodeus, der einzigen Person in dem Gespräch, die nicht wirklich gelebt hat. Auch Hythlodeus ist also eine Fiktion. Kritische Anmerkungen ihm gegenüber macht Thomas More als realer Gesprächspartner. Deswegen sind diese Einwürfe gewiß seine Meinung. Dazu kommt die Bedeutung des Namens Hythlodeus. Es gibt keine eindeutige Übersetzung, aber ,,Schwätzer", ,,Aufschneider", ,,einer, der leeres Stroh drischt": diese Ausdrücke insgesamt geben die Bedeutung wieder. Gibt uns das nicht das Recht, die Aussagen des Hythlodeus zu relativieren?
Dazu kommt der Name Utopia, Nirgendwo, wobei man allerdings sagen könnte, aus Nirgendwo wird einmal Irgendwo. Nimmt man aber die anderen Namen, die in dem Buch vorkommen, dann wird man wieder nachdenklich. Der Hauptfluß Utopias heißt Anydrus, Wasserloser. Mentiranum heißt Schwindelstadt. Alaopoliten ist der Name für Bürger aus einem Land ohne Volk. Es wimmelt von solchen Ausdrücken. Es ist, als wolle der Autor die Fiktion immer wieder auffrischen.
Es gibt aber noch andere Argumente für die Auffassung, daß Thomas More keinen realisierbaren Entwurf im Auge hatte. Da sind zunächst seine Äußerungen im ersten Teil des Buches. Kurz gesagt, erklärt er, ein ideales Staatsgebilde müsse an der Natur des Menschen scheitern, es gebe immer nur ein Ringen um das je Bessere oder auch die Bemühung, daß es

wenigstens nicht schlechter wird. – Ein zweites Argument ist der philosophische Hintergrund der Utopia. Die Utopier sind Heiden, und König Utopus gründet das Staatswesen auf die menschliche Vernunft. Hier wird ein Denkmuster der Scholastik deutlich, das More sehr vertraut war, nämlich, daß an sich die Vernunft alles zum besten regeln könne. Aber die Wirklichkeit des Menschen läßt sich nicht nur so beschreiben. Sie muß auch theologisch beschrieben werden, und zwar unabhängig davon, ob ein Mensch glaubt oder nicht. Davon war auch More überzeugt. Deshalb sind seine Utopier Menschen, die als solche schon eine Fiktion sind. Das kann ihm nicht entgangen sein. Im Gegenteil! Man muß vermuten, daß er die Fiktion bewußt erzeugt hat, um seiner Zeit einen paradoxen Spiegel vorzuhalten.

Er wußte also, daß er träumt, wenn er Utopia beschreibt, und daß der Traum beim Wachwerden zerreißt. Das hindert nicht, daß in der Utopia eine Fülle von erwägenswerten Einzelheiten geschildert wird. Manches ist inzwischen sogar verwirklicht, etwa die Altersversorgung. Diesen Aspekt drückt More selbst in den letzten Sätzen der Utopia aus:

„Bis dahin (bis zu einem weiteren Gespräch mit Hythlodeus) kann ich gewiß nicht allem zustimmen, was er sagte, aber ich räume gerne ein, daß es in Utopia vieles gibt, was ich in unsern Staaten eingeführt sehen möchte, aber das wünsche ich eher, als daß ich es hoffen darf."

Es gibt auch einen Brief Mores an Erasmus vom 4. 12. 1516, in dem er seine Freude über die gute Aufnahme seines Buches folgendermaßen ausdrückt:

„Du weißt ja nicht, wie ausgelassen, wie geschwellt ich bin, wie hoch ich meinen Kopf trage: Ich spiegele mir unentwegt vor, meine Utopier hätten mich zu ihrem dauernden Regenten erhoben. Ja, ich sehe mich schon einherschreiten, mit jenem Diadem aus Feldfrüchten gekrönt, Aufmerksamkeit erregend in meiner Franziskanerkutte, ich trage ein Ähren-

bündel als geheiligtes Zepter, bin umringt von ausgesuchter Gefolgschaft aus der Hauptstadt Amaurote ... Wenn es Dir nicht beschwerlich fällt, den kurzen Weg zu machen, um mich in Utopia zu besuchen, so werde ich auf jeden Fall dafür sorgen, daß alle Sterblichen unter meiner glücklichen Regierung Euch Ehre erweisen ...
Ich war dabei, diesen schönsten Traum noch weiter auszuspinnen, aber die aufgehende Morgenröte hat mir Armem den Traum zerschlagen, mich vom Thron gestoßen und mich zurückgerufen in meine Tretmühle, das heißt, an den Hof. Aber ich tröste mich, weil ich sehe, daß auch wirkliche Reiche nicht viel länger währen."

Das Wort „Utopie"

Thomas More hat nicht nur eine neue Literaturgattung gestiftet. Er hat auch ein neues Wort in die Sprachen der Völker gebracht, das Wort „Utopie". Lange Zeit war die Bedeutung dieses Wortes vorwiegend negativ. Man verstand darunter eine verschrobene Vorstellung, die sich nicht verwirklichen läßt. Utopisten konnte man nicht ernst nehmen. Das hat sich mit dem Beginn des letzten Drittels des 20. Jahrhunderts grundlegend geändert. Das Wort „Utopie" ist bei vielen zu einem positiven Schlüsselwort geworden. Man versteht darunter Wünsche und Träume, die zwar heute noch nicht realisiert sind, die sich aber verwirklichen lassen. Dies ist eine erstaunliche Entwicklung. Denn gerade in unserem Jahrhundert hat die Menschheit schreckliche Erfahrungen gemacht mit Versuchen, Utopien zu verwirklichen. 1917 begann der Versuch, die sozialistische Utopie des Karl

Marx zu verwirklichen. Er ist bis heute nicht beendet. 1933 begann der Versuch, dic nationalsozialistische Utopie zu verwirklichen. Der Versuch endete in Schrecken und Grauen. Die Zahl der Menschenopfer bei beiden Versuchen übersteigt jede Vorstellung.

Offenbar reichen diese Erfahrungen nicht aus, utopische Hoffnungen in gleicher oder anderer Richtung zu verhindern. Im Gegenteil, es entstand sogar das Wortmonstrum „Realutopie", etwas Ähnliches wie ein kreisförmiges Viereck. Die Verfechter der Realutopie antworten auf Anfragen, der Mensch könne ohne eine Utopie (natürlich eine gute und menschliche) überhaupt nicht richtig handeln. Es fehle ihm der Antrieb. Es ist eine der wichtigsten Fragen unserer Zeit, ob diese Argumentation richtig ist.

Thomas More gibt auf diese Frage in seiner Utopia eine Antwort, zwar leise, aber doch vernehmbar. Er fordert dazu auf, statt Träumen nachzulaufen, sich den realen Aufgaben zu widmen und ein Meister zu werden in der Kunst des Möglichen. Er tut dies im Gespräch mit Hythlodeus, das im folgenden Abschnitt wiedergegeben ist. Dabei läßt er den Argumenten des Hythlodeus ihre volle Kraft und Plausibilität. Man stimmt ihm von Herzen zu. Und doch entwickelt Thomas More in kurzen Sätzen eine Gegenposition, die erweist, auf welch tönernen Füßen die Plausibilität des Hythlodeus steht. Denn dieser meint, man könne erst dann politisch richtig handeln, wenn es andere Verhältnisse gebe. Das läuft darauf hinaus, daß sich zuerst der Mensch ändern muß, bevor sich das Glück herstellen läßt. Das läßt More nicht gelten.

Und noch etwas gibt es im folgenden Gespräch, das mitten in unsere Zeit trifft. Hythlodeus ist ein überaus kritischer Mensch. Und seine Kritik trifft ins Schwarze. Hier wird natürlich nichts anderes deutlich als die Gedankenschärfe des Autors Thomas More. Aber er entlarvt sich selbst.

Hythlodeus neigt dazu, wie es viele auch heute tun, das Kind mit dem Bade auszuschütten. Das rückt More unter eigenem Namen zurecht.
Er selbst hat sich stets an die Maxime gehalten, die er in der Utopia aufstellt. So forderte er etwa statt der Auflösung der korrupten Klöster deren Erneuerung, statt der Abschaffung des Papsttums dessen Gesundung.

Gespräch über politisches Engagement

Auswahl aus dem ersten Teil der UTOPIA.
Personen des Gesprächs sind neben Thomas Morus der Stadtschreiber von Antwerpen, Peter Giles, ein Freund Mores, auch Petrus Aegidius genannt, und die erfundene Person Raphael Hythlodeus.

Chronist:
Kürzlich hatte Heinrich VIII., der unbesiegte König von England, eine bedeutende politische Kontroverse mit Prinz Karl von Kastilien. Mit der Aufgabe, zu verhandeln und zu schlichten, schickte er mich als Gesandten nach Flandern. Wie vorher abgesprochen, trafen wir uns in Brügge mit den Bevollmächtigten des spanischen Königs. Wir hielten zwei Sitzungen, doch über mehrere Punkte kam keine Einigung zustande. Daher trennten sich die spanischen Vertreter für einige Tage von uns. Sie reisten nach Brüssel, um die Richtlinien ihres Fürsten einzuholen. Ich begab mich in der Zwischenzeit nach Antwerpen.
Unter all denen, die mich dort besuchten, war mir Peter Giles der willkommenste Gast. Er ist gebürtiger Antwerpe-

ner und hat dort eine hohe Stellung. Trotz seiner ausgezeichneten Bildung ist er ein bescheidener Mensch. Er hat ein offenes Wesen und ist allzeit zu Scherzen aufgelegt, die aber niemanden verletzen. Er ist so, wie man sich einen Freund wünscht.

Eines Tages – ich hatte gerade im Mariendom an der Messe teilgenommen und wollte zur Wohnung gehen, die ich gemietet hatte – traf ich zufällig Peter Giles, der sich mit einem älteren Mann unterhielt. Der Fremde war braungebrannt, trug einen langen Bart und hatte seinen Umhang nachlässig über die Schulter geworfen. Ich hielt ihn für einen Seemann. Kaum hatte Peter mich erblickt, trat er auf mich zu und begrüßte mich.

Peter Giles:
Gerade wollte ich diesen Herrn zu dir bringen.

Thomas Morus:
Er soll mir willkommen sein, deinetwegen.

Peter Giles:
Er wird dir seinetwegen willkommen sein, wenn du ihn erst kennengelernt hast. Denn es gibt keinen Menschen auf der Welt, der so viele Geschichten von unbekannten Völkern und Ländern erzählen kann wie er. Und du bist ja darauf versessen, solche Neuigkeiten zu hören.

Thomas Morus:
Aha, da habe ich also richtig geraten. Er ist ein Seemann.

Peter Giles:
O nein! Er war zwar viel zur See, aber nicht als gewöhnlicher Seemann, sondern eher wie Odysseus oder besser noch wie Plato. Laß es dir näher erklären. Sein Name ist Raphael

Hythlodeus. Er beherrscht die lateinische Sprache, aber noch besser die griechische; denn er hat sich ganz der Philosophie zugewandt. Seine Heimat ist Portugal. Seinen Brüdern überließ er das väterliche Erbe und wurde der ständige Begleiter des Amerigo Vespucci auf dessen letzten drei Reisen, von denen man heute überall lesen kann. Bei der letzten Reise kehrte er nicht mit Vespucci zurück, weil er noch mehr unbekannte Länder kennenlernen wollte. Von Neukastilien aus durchstreifte er nach der Abreise des Amerigo eine ganze Anzahl Länder, bis er auf wunderbare Weise schließlich nach Ceylon kam. Von dort segelte er mit einem portugiesischen Schiff nach Europa zurück.

Chronist:
Ich dankte Peter für die Freundlichkeit, mir ein Gespräch mit diesem erstaunlichen Menschen zu ermöglichen, und wandte mich Raphael zu. Nach der üblichen Begrüßung und Vorstellung bat ich ihn zusammen mit Peter Giles in meine Wohnung. Dort im Garten auf einer Bank begannen wir zu plaudern.
Wir bekamen zu hören, was Raphael alles auf seinen Reisen erlebt hatte. Vor allem interessierten uns die Sitten und Gebräuche bei den zivilisierten Völkern, die er besucht hatte. Und es machte ihm Freude, davon zu erzählen. Von den üblichen Ungeheuern erzählte er nichts. Das ist ja auch nichts Neues. Von Skyllen, Drachen, Menschenfressern und anderen mißgebildeten Ungetümen hört man ja allenthalben. Seltener sind gesunde und weise Ordnungen der menschlichen Gesellschaft. Raphael beobachtete bei den unbekannten Völkern viele Einrichtungen, die nichts taugen. Er erzählte aber auch nicht wenige Beispiele des Zusammenlebens, die unseren Städten und Staaten zum Vorbild dienen könnten, wie sich Fehler und Irrtümer korrigieren ließen. Schließlich kam er auf die Sitten und Gebräuche der Utopier

zu sprechen. Wenn man ihm so zuhörte, mit welcher Sicherheit er jedes einzelne Verhalten dieser verschiedenen Völker negativ und positiv einordnete, hätte man glauben können, er habe sein ganzes Leben in den Ländern verbracht, die er auf seinen Reisen doch kaum berührt hatte. Auch Peter bewunderte diesen Raphael.

Peter Giles:
Erstaunlich, lieber Raphael, ich verstehe nicht, warum Sie nicht in den Dienst eines Königs getreten sind. Ich bin sicher: Sie wären mit ihrer Welt- und Menschenkenntnis jedem willkommen. Ihr Wissen wäre nicht nur interessant, sondern auch nützlich als Belehrung und guter Rat zum Regieren. Außerdem wären Sie gut versorgt, und auch Ihre Verwandten hätten ihre Vorteile davon.

Raphael Hythlodeus:
Meine Verwandten kümmern mich nicht. Ich habe ihnen bereits meinen ganzen Besitz vermacht. Sie können sich nicht beklagen. Und ich begebe mich nicht in die Knechtschaft eines Königs, nur um ihnen die Taschen noch mehr zu füllen.

Peter Giles:
Das hört man gern. Aber ich meine mit Dienst nicht Knechtschaft, sondern ein Ministeramt.

Raphael Hythlodeus:
Das macht kaum einen Unterschied.

Peter Giles:
Nennen Sie's, wie Sie wollen. Ich meine jedenfalls, das wäre der Weg, auf dem Sie dem privaten und öffentlichen Wohl nützlich sein könnten – und natürlich auch sich selbst.

Raphael Hythlodeus:
Nützlich sein? Mir selbst? Auf einem Weg, den ich abscheulich finde? Jetzt lebe ich, wie ich will. Und ich bin sicher, daß kaum ein Purpurträger ebenso leben kann. Außerdem gibt es genug Leute, die um die Freundschaft der Mächtigen buhlen. Da bedeutet es nicht viel, wenn sie Leute wie mich entbehren müssen.

Thomas Morus:
Man merkt, lieber Raphael, daß Sie nicht nach Macht und Reichtum streben. Und, glauben Sie mir, ich achte und verehre einen Menschen mit solcher Einstellung nicht weniger als irgendeine andere führende Persönlichkeit. Aber meiner Meinung nach wäre es Ihrer Intelligenz und Gesinnung würdig, wenn Sie Ihre Talente und Ihren Eifer dem öffentlichen Wohl widmen würden, auch wenn das Ihr Privatleben stört. Am fruchtbarsten könnten Sie das im Rat irgendeines Königs tun. Zweifellos würden Sie die richtigen und guten Ratschläge geben. Denn vom Fürsten ergießt sich, wie ein ständig fließender Bach, Gutes und Böses auf das ganze Volk. Sie sind sich Ihrer Sache so sicher; Sie haben so viel erlebt, daß Sie auch ohne große Erfahrung für jeden beliebigen König ein hervorragender Ratgeber wären.

Raphael Hythlodeus:
Sie irren sich doppelt, lieber Morus, in der Person und in der Sache. Ich habe gar nicht die Fähigkeiten, die Sie mir zuschreiben. Und wenn ich sie im Übermaß hätte, würde dies und das Opfer meiner Muße dem öffentlichen Wohl keinen Nutzen bringen. Denn erstens beschäftigen sich alle Fürsten am liebsten mit militärischen Dingen. Davon verstehe ich nichts und will auch nichts davon verstehen. Sie sollten sich natürlich lieber mit den heilsamen Künsten des Friedens befassen. Aber sie streben danach, mit Recht oder Unrecht

neue Reiche zu erwerben und diese geordnet zu verwalten. Und zweitens, sehen Sie sich die Ratgeber an Königshöfen an: Es gibt solche, die so weise sind, daß sie den Rat anderer nicht brauchen, und es gibt auch solche, die sich die Weisheit nur einbilden und deshalb nicht auf andere hören. Aber sie stimmen den absurdesten Meinungen zu, wenn einer sie äußert, der gerade in der Gunst des Fürsten steht, denn auch sie buhlen um diese Gunst. Andere sind verliebt in ihre eigene Meinung, so wie ein Rabe sein Küken schön findet und ein Affe sein Junges. Stellen Sie sich vor: In diesen Kreis von Leuten, wo der Neid und die Ichsucht herrschen, kommt nun einer und macht Vorschläge, die sich auf das Studium der Geschichte und die Kenntnis fremder Länder stützen. Die anderen wären empört, als suche man ihre Weisheit herabzusetzen. Und wenn ihnen nichts einfällt, verfallen sie auf Redensarten. Sie sagen: „Das war bei uns früher schon so, wir können uns nicht mit der Weisheit unserer Vorfahren vergleichen." Dann setzen sie sich, als hätten sie wunder was gesagt, als ob es ein Glück wäre, wenn man dabei erwischt wird, in einem Punkt klüger zu sein als die Vorfahren. Dabei lassen wir Menschen gern von dem ab, was die Vorfahren gut gemacht haben, und klammern uns gierig an das, was sie besser hätten machen können. Überall trifft man nur auf absurde, hochmütige und verrückte Meinungen.

Thomas Morus:
Ich bleibe bei meiner Ansicht. Geben Sie Ihr Mißtrauen gegenüber dem Leben am Hofe auf, dann könnten Sie dem Staat mit Ihren Ratschlägen von größtem Nutzen sein. Das ist doch die Pflicht eines guten Mannes. Nichts würde Ihnen besser anstehen. Ihr Plato behauptet doch, die Staaten würden erst dann glücklich, wenn die Philosophen Könige oder die Könige Philosophen seien. Kein Wunder, daß das Glück

so fern ist, wenn die Philosophen sich weigern, den Königen ihren guten Rat zu geben.

Raphael Hythlodeus:
So ungefällig sind die Philosophen gar nicht. Sie geben ja gern ihren Rat. Sie haben auch schon viele Bücher herausgegeben. Aber die Mächtigen sind nicht bereit, den guten Ratschlägen zu folgen. Das hat Plato schon vorausgesehen, daß die Könige niemals auf den Rat der Philosophen hören; es sei denn, die Könige seien selbst Philosophen. Aber man hat sie schon vom Säuglingsalter an mit verkehrten Meinungen und Vorurteilen vollgestopft und krank gemacht.
Nehmen Sie einmal an, ich schlüge einem König vernünftige Gesetze vor, ich versuchte die verderbliche Saat mit der Wurzel auszureißen – würde er mich nicht mit Schimpf und Schande davonjagen? Nehmen Sie einmal an, ich säße imRat des Königs von Frankreich. Es findet eine Sitzung statt unter dem Vorsitz des Königs. Die ganze Korona der klügsten Politiker ist anwesend. Mit großem Eifer suchen diese bedeutenden Männer nach Mitteln und Wegen, wie man Mailand erhalten könne, wie man das treulose Königreich Neapel zurückgewinnen und dann ganz Italien erobern könne, nachdem die Macht Venedigs gebrochen ist. Außerdem beraten sie, wie man Flandern, Brabant und ganz Burgund in Abhängigkeit von Frankreich bringen kann, ganz zu schweigen von den anderen Nationen, auf die der König sein begehrliches Auge geworfen hat.
Der eine schlägt nun ein Bündnis mit Venedig vor, das aber nur so lange eingehalten wird, wie es für Frankreich von Vorteil ist. Ein anderer regt an, deutsche Landsknechte in Sold zu nehmen. Ein dritter meint, man müsse die Schweizer mit Geld kaufen. Ein vierter will mit viel Geld den Kaiser auf die Seite der Franzosen bringen. Wieder ein anderer schlägt vor, mit dem König von Aragon Frieden zu schlie-

ßen, als Preis dafür solle man ihm das Königreich Navarra überlassen, das freilich einem anderen gehört. Der nächste meint, man solle den König von Kastilien durch vage Aussichten auf eine Verschwägerung ködern und seine wichtigsten Leute durch regelmäßige Zahlungen bestechen.
Und dann kommt die größte Schwierigkeit, nämlich England. Als Zwischenlösung werden Friedensverhandlungen vorgeschlagen, um das unsichere Bündnis zu stärken. Die Engländer sollten nach außen Freunde genannt werden, in Wirklichkeit müsse man ihnen als Feinden mißtrauen. Darum sei es gut, die Schotten in der Hinterhand zu haben. Diese könne man den Engländern bei der ersten verdächtigen Bewegung auf den Hals hetzen. Heimlich solle man Verbindung mit einem Adeligen aufnehmen, der gegebenenfalls Ansprüche auf den englischen Thron erheben kann.
Und nun stellen Sie sich vor, ich armes Würstchen wäre in dieser wichtigen Kabinetts-Sitzung, in der so viele bedeutende Männer wetteifern, ihre Vorschläge für den Krieg zu machen. Und ich stünde auf und wendete das Segel in die umgekehrte Richtung. Ich schlüge vor, Italien aufzugeben, meinte, die Franzosen sollten daheim bleiben. Denn ohnehin sei Frankreich allein fast schon zu groß, um von einem einzigen König regiert zu werden. Es gäbe keinerlei Grund für den König, das Land noch zu vergrößern. Außerdem schade der Krieg ja nicht nur anderen Nationen. Die Kassen Frankreichs würden erschöpft, das Volk entkräftet und dezimiert. Und schließlich könnten alle Anstrengungen auch erfolglos sein, da man ja nie wisse, wie die Dinge sich wenden. Ich würde also dem König raten: „Pflege und fördere nach besten Kräften dein ererbtes Reich, laß es blühen und gedeihen, liebe die Bürger und laß dich von ihnen lieben, lebe in Gemeinschaft mit ihnen und behandle sie milde. Laß andere Völker in Frieden, denn du hast mehr als genug."
Lieber Morus, wie würde diese meine Rede aufgenommen?

Thomas Morus:
Sehr übel, das ist sicher.

Raphael Hythlodeus:
Gut! Nun aber weiter. Ein anderes Beispiel. In irgendeinem Kabinett zerbricht man sich den Kopf, mit welchen Techniken sich die Staatskasse füllen läßt. Da rät einer, die Währung abzuwerten, wenn man Kredit aufnehmen will, und sie aufzuwerten, wenn es ans Bezahlen geht. Das wäre ein gutes Geschäft. Ein anderer kommt auf die Idee, einen fiktiven Krieg vorzubereiten, dafür Geld bei den Leuten einzutreiben und dann, wenn genug Geld da ist, Frieden zu verkünden. Dies müsse mit feierlichen Zeremonien vor den Augen des Volkes geschehen. Dann würde dieses arme dumme Volk noch den frommen Herrscher preisen, der das Blut der Bürger schont. Einem dritten fallen längst vergessene Gesetze ein, die kein Mensch mehr einhält, weil keiner mehr weiß, daß sie existieren. Er schlägt vor, sie aus der Mottenkiste zu holen und Strafgelder für die Übertretung festzusetzen. Das sei eine legitime und vor allem reichliche Einnahmequelle, die dazu die Maske des Rechts trage. Besonders schlau ist der vierte. Er schlägt neue Verbote vor, verbunden mit hohen Geldstrafen. Es sollen Handlungen verboten werden, die dem Volk schaden. Hinterher könne man gegen hohe Geldsummen vom Verbot dispensieren. Dann habe man den Dank des Volkes und zugleich eine doppelte Einnahmequelle. Denn ein guter Herrscher gibt nur ungern einem Privatmann die Erlaubnis, dem Volk zu schaden, nämlich nur gegen viel Geld. Wieder ein anderer hält es für das beste, wenn sich der König die Richter verpflichtet, damit sie in jeder Sache zugunsten der Krone entscheiden. Sie sollten im Palast in Gegenwart des Königs dessen Streitsachen diskutieren. Es sei nicht denkbar, daß irgendein Fall so ungünstig liege, daß nicht wenigstens ein Richter aus Ehrgeiz

oder Widerspruchsgeist gegen die Kollegen eine kleine Lükke entdecken werde, die eine Verdrehung zugunsten des Königs zulasse. In der Diskussion werde dann jede sonnenklare Angelegenheit so zerredet, daß der König leicht eine Handhabe finde, das Recht zu seinem Vorteil auszulegen. Aus Furcht oder Scheu würden die anderen dann dieser Auslegung zustimmen, und im Gerichtshof sei dann nach der Verhandlung das Urteil klar zugunsten des Königs.

Das also ist die übereinstimmende Meinung im Rat: Für einen König, der eine Armee unterhält, ist kein Geldhaufen zu groß. Außerdem kann ein König gar nicht Unrecht tun, auch wenn er es wollte, da ihm ja alles gehört, was die Untertanen haben. Ja, diese selbst gehören ihm. Und jeder kann nur das sein eigen nennen, was die Gnade des Königs ihm nicht abgenommen hat. Außerdem ist es von Vorteil, wenn der verbleibende Rest so gering wie möglich ist; denn die Sicherheit des Königs beruht darauf, daß das Volk nicht durch Wohlstand und Freiheit verwöhnt wird. Denn beide sind schlechte Voraussetzungen zu einem geduldigen Ertragen eines harten und ungerechten Regimes. Aber Armut und Elend stumpfen das Gemüt ab und unterdrücken den hochgemuten Geist der Empörung.

Und nun stellen Sie sich wieder vor, ich stünde auf und behauptete, all diese Pläne seien unehrenhaft, ja, sie seien eine tödliche Gefahr für den König. Denn nicht nur seine Ehre, auch seine Sicherheit beruhe auf dem Wohlstand des Volkes, mehr als auf seinem eigenen. Der König sei gewählt im Interesse der Untertanen und nicht in seinem eigenen Interesse. Er solle seine ganze Kraft daransetzen, daß die Menschen, vor Gewalt geschützt, ein friedliches Leben führen können. Es sei Pflicht der Herrschenden, mehr für das Wohl des Volkes als für ihr eigenes zu sorgen. Als guter Hirte solle er sich um die Herde kümmern, nicht um sich. Es sei Unsinn zu glauben, die Armut des Volkes sei eine

Stütze der Regierung. Wo gebe es mehr Streit als unter Bettlern? Wer dürste mehr nach Umsturz als die Unzufriedenen? Und wer hoffe mehr, in einem allgemeinen Durcheinander etwas zu gewinnen, als der, der nichts mehr zu verlieren habe? Wer nicht anders Ordnung halten könne, als durch Mißhandlung, Ausplünderung und Vergewaltigung, der könne nur Verachtung und Haß ernten. Er möge dem Namen nach ein Herrscher sein, die Größe habe er verloren. Wer mitten im Jammer und im Leid anderer der Wollust fröne und im Vergnügen schwimme, der heiße nicht König, sondern Kerkermeister. Die Würde des Königs habe der, der wohlhabende und glückliche Menschen regiert. Er soll die Ausgaben den Einnahmen anpassen und versuchen, die Verbrechen einzuschränken, vor allem durch vorbeugende Maßnahmen. Ein solcher Mann werde die Bösen abschrekken und die Liebe der Guten gewinnen. Stellen Sie sich also vor, ich würde dies vor solchen Leuten predigen, die genau das Gegenteil wollen; die wären dafür doch taub.

Thomas Morus:
Völlig taub, ohne Zweifel. Das ist auch gar kein Wunder. Um ehrlich zu sein: Ich halte es nicht für richtig, solche Reden zu halten und Ratschläge zu geben, von denen man im voraus weiß, daß kein Mensch darauf hört. Das nützt überhaupt nichts. Wie soll ein so befremdlicher Sermon auch in die Köpfe und Herzen von Leuten eindringen, in denen sich eine gegenteilige Überzeugung längst festgesetzt hat? Im familiären Gespräch unter Freunden mag solch scholastische Philosophie ganz nett sein; aber im Kabinett eines Fürsten, wo große Probleme mit großer Autorität behandelt werden, ist dafür kein Platz.

Raphael Hythlodeus:
Das behaupte ich doch: An Fürstenhöfen ist kein Platz für Philosophie.

Thomas Morus:
Gewiß! Das gilt aber nur für die doktrinäre Philosophie, die ohne Rücksicht jeden Satz sagt und meint, er habe überall die gleiche Wirkung. Es gibt aber noch eine andere Philosophie, die eine zivilere Manier hat. Sie kennt die Szene, in der sie auftritt, und paßt sich ihr an. Und sie spielt ihre Rolle in dem Stück, das gerade gespielt wird, wirksam und gefällig. An diese Philosophie müssen Sie sich halten.
Nehmen Sie an, in einer Komödie des Plautus wird gerade eine Szene gespielt, in der die Clowns ihre Possen reißen. Da platzen Sie im Gewand eines Philosophen hinein und tragen eine Stelle aus der Oktavia vor, etwa die Disputation des Seneca mit Nero. Da wäre es doch besser, sie mimten eine stumme Rolle. Denn Ihr seltsamer Auftritt könnte nur in eine lächerliche Tragikomödie ausarten. Auch wenn Ihr Beitrag viel wertvoller ist, würde er doch alles vermengen und durcheinanderbringen. Sie müssen in dem Stück mitspielen, das gerade über die Bühne geht, und nicht just das vortragen, was gerade in ihrem Kopf herumgeistert, sei es auch noch so wertvoll.
So ähnlich ist es auch im Staat und im Kabinett der Fürsten. Wenn Sie falsche Meinungen nicht mit der Wurzel ausreißen können, wenn Sie eingefleischte Übel nicht gleich in Ihrem Sinn heilen können, dann dürfen Sie den Staat deswegen nicht im Stich lassen. Man kann ja auch im Sturm ein Schiff nicht gleich preisgeben, wenn man des Windes nicht Herr wird.
Sie sollten vielmehr danach trachten, die Dinge klug zu handhaben. Und wenn Sie die Dinge nicht zum Guten wenden können, dann wenigstens so, daß sie nicht zu böse werden.
Denn unmöglich kann alles gut sein, bevor nicht alle Menschen gut sind. Und darauf müssen wir noch eine schöne Reihe von Jahren warten.

Raphael Hythlodeus:
So geht es nicht. Wenn ich auf diese Weise die Dummheit anderer Leute heilen wollte, würde ich am Ende selbst ein Dummkopf. Ich muß die Wahrheit sagen. Unwahrhaftigkeit ist nicht meine Sache. Gewiß wäre es lästig, wenn ich vorbrächte, was Plato in seinem „Staat“ fingiert, was aber auf der Insel Utopia verwirklicht wird. Es würde wunderlich wirken, weil es bei uns das Eigentum des einzelnen gibt, dort aber aller Besitz gemeinsam ist.
Ich weiß nicht, was der Umweg soll, von dem Sie reden. Sie meinen, man solle Verhältnisse, die man nicht radikal umgestalten kann, wenigstens so gestalten, daß möglichst wenig Übles daraus entspringt. Das hieße doch die Augen verschließen und Unrecht vertuschen. Und selbst wenn man saubere Hände und ein gutes Gewissen behält, dient man als Deckmantel der Bosheit und Dummheit anderer. Nein, mit Ihrer Methode des Umwegs werden Sie nichts zum Besseren wenden.
Und nun, lieber Morus, sollen Sie hören, was ich im innersten Herzen denke. Wo es privates Eigentum gibt, wo alle alles am Geld messen, da kann es im Staat keine Gerechtigkeit und keinen Wohlstand geben. Oder halten Sie es für gerecht, wenn das Beste den Schlechtesten zufällt? Halten Sie es für ein Glück, wenn die Reichtümer in den Händen weniger sind, die übrigen aber im Elend leben?
Deswegen denke ich oft über die weisen und geheiligten Einrichtungen der Utopier nach. Sie haben nur wenige Gesetze, und doch ist alles wohlgeordnet. Alle haben alles im Überfluß, denn die Güter sind gleich verteilt. Der Tüchtige erhält noch seinen Lohn dazu. In welchem Gegensatz zu diesen Gebräuchen stehen da so viele andere Völker. Bei denen wird immer alles neu geordnet, und doch ist niemals etwas wirklich geordnet. Jeder nennt dort alles, was er erworben hat, sein Privateigentum. Aber die vielen fast täglich

erlassenen Gesetze reichen nicht aus, den Erwerb und die Abgrenzung des Eigentums zu sichern und zu schützen. Darum gibt es eine Unzahl von Prozessen, stets von neuem und niemals endend. Wenn ich das alles betrachte, dann verstehe ich Plato sehr gut. Er lehnte es ab, für Leute Gesetze zu machen, die vom Gemeineigentum nichts wissen wollen. Denn dieser kluge Kopf erkannte klar, daß es nur einen einzigen Weg zum öffentlichen Wohl gibt: der Grundsatz der Gleichheit der Dinge. Denn wenn der Rechtsanspruch auf Eigentum besteht, zieht jeder an sich, soviel er kann. Die Menge der vorhandenen Güter kann dann noch so groß sein, sie wird doch nur unter wenige verteilt; der Rest lebt in Not und Armut. Dazu kommt, daß die Besitzenden habgierig, nichtsnutzig und menschlich minderwertig sind, während die Armen fleißig, anspruchslos und bescheiden sind. Gerade dadurch wirken sie mehr für das öffentliche als für das eigene Wohl.
So ist meine unumstößliche Meinung: Das Glück der Menschen kann erst beginnen, wenn das Eigentum aufgehoben wird. Gewiß, man könnte die Bürde der Eigentumsordnung für die Menschheit durch Gesetze erleichtern. Die Übelstände ließen sich abschwächen, aber geheilt könnten sie niemals werden. Solange jeder Eigentum hat, gibt es keine Hoffnung.

Thomas Morus:
Ganz im Gegenteil! Ich glaube, daß die Gütergemeinschaft niemals zu einer vernünftigen Ordnung führen kann. Jeder wird sich vor der Arbeit drücken. Wo soll der Erwerbstrieb herkommen? Jeder wird faul sein im Vertrauen auf die Arbeit anderer. Wie sollen da die Güter ausreichen? Also ist allgemeine Not die Folge. Und wenn dann diese Not die Leute zum Arbeiten bringt, muß dann nicht Aufruhr und Totschlag die Folge sein, weil es keine Möglichkeit gibt,

Eigentum zu erwerben? Und wie soll unter Menschen, die alle gleich sind, eine Autorität möglich sein, die respektiert wird? Das ist für mich unvorstellbar.

Raphael Hythlodeus:
Es wundert mich nicht, daß Sie so denken. Sie können sich ja kein hinreichendes Bild von den Dingen machen, höchstens ein falsches. Wären Sie mit mir in Utopia gewesen und hätten wie ich die Sitten und Gebräuche gesehen, dann würden Sie mir zustimmen, daß nirgendwo ein Volk existiert, das so gut regiert wird. Ich habe über fünf Jahre dort gelebt und bin nur deswegen wieder fort, weil ich hier diese neue Welt bekannt machen will.

Thomas Morus:
Mein lieber Raphael, ich bitte Sie ebenso dringend wie herzlich, beschreiben Sie uns diese Insel. Machen Sie's nicht zu kurz. Berichten Sie alles der Reihe nach, über Landschaft, Flüsse, Städte, Menschen, Sitten, Einrichtungen, Gesetze und alles andere, was Ihrer Meinung nach interessant ist. Glauben Sie uns, wir erfahren immer gerne Dinge, die wir noch nicht wissen.

Raphael Hythlodeus:
Nichts täte ich lieber. Meine Erinnerung ist noch ganz frisch. Aber ich brauche Zeit dazu.

Thomas Morus:
Dann wollen wir zuerst essen. Nachher haben wir genug Zeit.

Raphael Hythlodeus:
Gut. Ich bin einverstanden.

Chronist:
Wir gingen zum Essen. Danach kehrten wir auf denselben Platz im Garten zurück. Die Diener wies ich an, jede Störung von uns fernzuhalten. Raphael saß eine Weile schweigend da, um sich zu sammeln. Dann begann er mit seinem Bericht.

Humor

Als im Jahr 1518 bei Froben in Basel Mores Epigramme zum erstenmal gedruckt wurden, verfaßte Beatus Rhenanus dazu einen Widmungsbrief an Willibald Pirckheimer, den bekannten Humanisten aus Nürnberg. Darin steht der bekannte Satz, man könne zu Morus sagen: „Du bist lauter Scherz." In diesem Punkt gibt es keine Meinungsverschiedenheiten über More: Die Eigenschaft, die zuerst ins Auge fällt, ist sein Humor. Diese Eigenschaft ist ihm bis zum Schafott treu geblieben. Hat die Welt je einen humorvolleren Menschen erlebt?
Was ist das, Humor? Hier sei eine (christliche) Definition versucht. Humor ist: die Widersprüche des Lebens liebevoll annehmen. Das Leben ist voller Widersprüche. Jeder leidet darunter. Man kann nun versuchen, die Widersprüche zu beseitigen, wie es die Ideologen tun. Man kann sich zähneknirschend beugen. Man kann die Widersprüche fromm annehmen. Man kann sie liebevoll annehmen. Und das ist der Mutterboden des Humors. Widerspruch heißt Zweideutigkeit. Wenn diese Zweideutigkeit geistvoll ins Wort gebracht wird, reden wir im engeren Sinn von Humor.
Nennen wir ein paar humorstiftende Widersprüche: Der Wi-

derspruch zwischen Wollen und Können, zwischen gutem Willen und Schwäche, zwischen Sehnsucht und Wirklichkeit, zwischen Worten und Taten. More tummelt sich darin mit großem Vergnügen.
Auch die Ehe ist ein Widerspruch des Lebens. Mann und Frau sind so verschieden, daß sie einander nie verstehen werden, und doch binden sie sich aneinander. Der beste Rat: den Widerspruch liebevoll annehmen.
Auch die Kirche ist ein großer Widerspruch. Wie ist sie in der Bibel beschrieben, und wie stellt sie sich dar! Das ist nur mit Humor zu ertragen. Die beiden letzten Beispiele machen deutlich, wie ernsthaft die Basis des christlichen Humors ist. Vollends wird das deutlich beim größten Widerspruch des Lebens, beim Tod. Ihn liebevoll anzunehmen, ist höchste christliche Lebenskunst. Thomas More hat diese Lebenskunst ein Leben lang eingeübt. Das schenkte ihm die Gelassenheit, aus der sein beispielloser Humor wuchs.

Solche etwas tieferen Gedanken tun uns gut. Aber es tut uns auch gut, wenn wir uns freuen können an den Witzen dieses Mannes, die uns manchmal recht gewagt vorkommen. Die Spannweite seines Geistes war eben sehr groß. – Hier wenigstens drei Beispiele in Gedichtform:

Ein Gast fand Fliegen tot im Krug,
er holt' sie raus, bevor er trank.
Danach tat er sie wieder rein
und sagt der Runde seinen Grund.
Er sprach: Ich mag zwar keine Fliegen,
jedoch bin ich mir gar nicht sicher,
ob nicht von euch sie einer mag.

Ein Fuchs liegt krank in seinem Bau.
Ein Löwe kommt vorbei und spricht:

„Du bist wohl krank, mein Freund, sag an?
Ich hab 'ne Zunge voller Kraft;
wenn sie dich leckt, wirst du gesund."
Da spricht der Fuchs: „Ich glaub dirs gern,
daß deine Zunge Heilung bringt.
Nur schade, daß das gute Stück
um sich so schlechte Nachbarn hat."

Das folgende Gedicht hat schon manchen irritiert. Denn es ist bekannt, daß More regelmäßig und fromm beichten ging.

Es tobt der Sturm, es bebt das Schiff.
Die Mannschaft fürchtet sich zu Tod:
„Die Sündenschuld hat uns im Griff;
sie bringt uns jetzt in diese Not."

Per Zufall ist ein Mönch an Bord.
Sie drängen sich an ihn heran.
Er hört die Beicht in einem fort. –
Der Sturm, der hält sich weiter dran.

„Es ist", so ruft ein schlauer Kopf,
„das Schiff von Sünden noch nicht frei.
Werft über Bord den Klostertropf,
dann geht der Sturm gewiß vorbei."

Gesagt, getan, sie packen zu
und werfen ihn ins wilde Meer.
Es schweigt der Sturm, die See hat Ruh.
Die Heimfahrt ist jetzt nicht mehr schwer.

Und die Moral von der Geschicht:
Die Sünde hat ein groß Gewicht.

Diese Gedichte reichen als Beispiele natürlich nicht hin. Stärker war More in spontanen Äußerungen. Sein Freund

Richard Pace schrieb einmal: „Man könnte den Humor seinen Vater und die Schlagfertigkeit seine Mutter nennen."

Ritter More mit Wappen

Im Jahr 1521 adelte der König seinen Unterschatzkanzler und erhob ihn in den Ritterstand. Ein Wappen hatte die Familie More wohl schon früher. Es zeigt drei Moorhähne, die um einen silbernen Winkel gruppiert sind, ein Anklang an den Familiennamen. Unweit der Wohnung gab es im Norden der City ein Moor, woran heute noch die U-Bahnstation Moorgate erinnert. Diese humorvolle Anspielung wurde noch verstärkt, als Thomas sich als Helmschmuck des Ritterwappens den Kopf eines Afrikaners, also eines Mohren, wählte.

Thomas More machte es großen Spaß, mit den verschiedenen Bedeutungen seines Familiennamens zu spielen. Eine dieser Spielarten ist in die Weltliteratur eingegangen. Das bekannteste Buch des Erasmus von Rotterdam, das „Lob der Torheit", wurde nicht nur in Mores Haus in London geschrieben. Die Idee dazu entstand aus dem Spiel mit dem Familiennamen.

Erasmus schreibt in dem Widmungsbrief an seinen Freund, der das Vorwort des Buches ist: „Von allen aber kamst du, Morus, mir am häufigsten in den Sinn. Deiner habe ich, während ich fern von dir war, nicht weniger herzlich gedacht, als mir damals, da wir noch persönlich zusammen waren, der Umgang mit dir Freude bereitete. Diese Begegnung, das schwöre ich, ist der Höhepunkt meines Lebens gewesen. – Ich kam auf den Gedanken, ein Loblied auf die Torheit zu singen. Mich brachte dein Familienname darauf, der dem (griechischen) Wort Moria (Torheit) so ähnlich ist. Ich nahm an, ein solches Spiel werde dein Gefallen finden, da Scherze dieser Art dich besonders erfreuen."

Ein Mann für alle Jahreszeiten

Ein Jahr nach dem Erasmusbrief an Hutten, der natürlich zur Veröffentlichung bestimmt war, erschien in England ein Schulbuch über lateinische Redekunst, herausgegeben von Robert Whittington. Darin findet sich folgende Übung: ,,Sage auf vier verschiedene Arten in Latein: ,More ist ein Mensch von der Weisheit eines Engels und von einzigartiger Gelehrsamkeit.' Die Ausführung der Aufgabe lautet: 1. grammatikalisch: Morus est vir divini ingenii et singularis eruditionis. 2. oratorisch: Morus est vir mirandi ingenio et praestantissimo eruditione. 3. historisch: Morus est vir praeclarus ingenio et eruditione. 4. poetisch: Morus est vir praestans ingenii et eruditionis. – Dann fährt das Buch fort: ,Wo gibt es noch einen Mann von solcher Güte, Bescheidenheit und Freundlichkeit?, ein Mann, der, je nachdem es die Zeit verlangt, bald von wunderbarer Heiterkeit und Kurzweil ist, bald ebenso schwermütigen Ernstes: ein Mann für alle Jahreszeiten."
So erstaunlich das ist, daß ein lebender Mensch öffentlich derart gelobt wird, noch erstaunlicher ist es, wie More darauf reagierte, nämlich überhaupt nicht. Er blieb sich gleich. Nichts stieg ihm in den Kopf. Er war zu sehr überzeugt, daß der Stolz, die erste Hauptsünde, das gefährlichste aller Laster ist. Er wird nicht müde, darauf hinzuweisen, daß die Betrachtung des Todes vom Stolz heilen kann. Nirgendwo wird deutlicher, welche Selbstbeherrschung der Mann hatte.

Thomas More und die Deutschen

Er war nie in Deutschland, aber er hatte viele Verbindungen mit Deutschen. Diese Beziehungen sind noch nicht im einzelnen erforscht. Wir hoffen, daß dies in den nächsten Jahren geschehen wird.

An erster Stelle gibt es etwas Erstaunliches zu berichten. Im Lauf des Jahres 1534 schrieb More im Tower ein Buch, dem er folgenden Titel gab: „Dialog vom Trost im Leid, von einem Ungarn lateinisch verfaßt, vom Lateinischen ins Französische und vom Französischen ins Englische übertragen."

Dieser Dialog endet folgendermaßen:

„Vinzenz: Lieber Onkel, damit viele Menschen einen Nutzen davon haben, schlage ich dir vor, daß ich deine guten Ratschläge nicht nur in unsrer eigenen Sprache veröffentliche, sondern auch in der deutschen. Anton: Ich wünschte, du hättest Rat gesucht bei jemandem, der weiser ist als ich. Aber ich will Gott bitten, er möge den Lesern seinen Heiligen Geist geben, damit er sie innerlich belehrt, denn ohne ihn bringt all das wenig Nutzen, was irgendein Mund der Welt den Menschen zu Ohren bringt."

In diesen Sätzen, die More als eine der letzten Veröffentlichungen geschrieben hat, ist die Widmung seines Buches an die Deutschen verborgen. Warum tat er das? Wohl weil er sah, daß bei zwei folgenschweren Entwicklungen den Deutschen eine Schlüsselrolle zufiel: in der Abwehr der türkischen Gefahr, sowohl militärisch wie geistig, und in der Frage der Einheit oder des Zerbrechens der Kirche. Das macht auch der Inhalt des Buches deutlich. – Der Wunsch Mores wurde übrigens erst 1950 durch Martha Freundlich erfüllt, also 416 Jahre danach.

Dagegen war die erste Übersetzung der lateinisch geschrie-

benen Utopia eine deutsche Übertragung, lange, bevor es eine englische Übersetzung gab. More war in Deutschland bekannt, und er kannte die deutschen Verhältnisse. Etwa über die 95 Thesen Luthers wurde er durch Erasmus sehr schnell informiert. Mit gut einem Dutzend deutscher Humanisten stand er in Briefverbindung. Viele lernte er persönlich kennen. Aber die Verbindungen waren nicht nur wissenschaftlich und literarisch. Mehrmals verhandelte er im Auftrag des Königs mit Vertretern der deutschen Hanse, deren Niederlassung in London der „Stahlhof" hieß. Aus den Protokollen dieser Verhandlungen, die in Hamburg aufbewahrt wurden, spricht die Hochachtung vor dem Verhandlungsgeschick des Engländers.
Schließlich sei noch der Maler Hans Holbein der Jüngere genannt. Er war lange Gast im Hause Mores und hat die ganze Familie gemalt.
Als Beispiel der Wertschätzung Mores in Deutschland sei eine Schrift des Dr. Johannes Eck aus Ingolstadt erwähnt. (Eck ist bekannt durch die „Leipziger Disputation" mit Luther im Jahr 1519.) Eck war während einer Englandreise Gast im Hause Mores und hat mit ihm korrespondiert. In seiner Schrift zählt er auf, was die Deutschen alles den Engländern zu verdanken haben. Er beginnt mit Bonifatius, dem Apostel der Deutschen, und endet mit Thomas More.
Diese Wertschätzung blieb über die Jahrhunderte in Deutschland erhalten. Goethe z. B. hatte ein Bildnis Mores in seinem Arbeitszimmer hängen.
Im 20. Jahrhundert steigerte sich das Interesse der Deutschen an Thomas More ganz gewaltig, vor allem nach der Heiligsprechung im Jahr 1935. Das zeigte sich deutlich nach dem Zweiten Weltkrieg. Es gibt in der Bundesrepublik Deutschland nicht weniger als 28 Thomas-Morus-Kirchen. Die Katholische Jungmännergemeinschaft hat ihn 1961 zu ihrem Patron erwählt als vorbildlichen Mann, Staatsbürger

und Christen. Und deutsche Wissenschaftler bemühen sich seit einigen Jahren, seine wichtigsten Werke durch Übersetzungen zugänglich zu machen.

Konsultation von Ärzten

In dem „Dialog vom Trost im Leid", den More während seiner Haft im Tower geschrieben hat, finden wir im Kapitel über den Selbstmord einen Abschnitt, der keines Kommentars bedarf:

Niemand sollte es merkwürdig finden, daß ich einem Menschen, der religiös-moralisch leidet, empfehlen würde, einen Arzt zu konsultieren. Da Seele und Leib so eng miteinander verknüpft sind, daß beide zusammen eine Person ausmachen, hat die Unordnung bei einem von beiden die Zerrüttung beider zur Folge.

Deshalb würde ich jedem Menschen, der eine leibliche Krankheit hat, raten, beichten zu gehen, also bei einem guten geistlichen Arzt die Gesundung der Seele zu suchen. Das ist nicht nur gut für den Fall, daß die Krankheit sich unvermutet verschlimmert. Denn der Trost, der aus der Vergebung und aus der Gnade kommt, tut auch dem Körper gut. Darum mahnt ja der Apostel Jakobus, die Menschen sollten in ihrer leiblichen Krankheit den Priester holen.

Ebenso würde ich manchen Menschen bei einer Krankheit der Seele raten, neben ihrem geistlichen Arzt auch einen Arzt für den Körper zu konsultieren.

Reichtum und Armut

,,Ein Mann für alle Jahreszeiten", so nannten ihn schon seine Zeitgenossen. Wie wahr dieses Wort ist, zeigt sich auch im Verhältnis Mores zum Reichtum. Er erlebte Zeiten, in denen er viel Geld und Gut besaß, und er erlebte bitterste Armut. Aber immer blieb er sich gleich. Er floh den Reichtum nicht, aber er ließ sich von ihm nicht beeindrucken. Er sah ihn als Aufgabe, Gutes zu tun. Des Abends verließ er oft sein Haus und besuchte arme Familien, um ihnen zu helfen. Bekannt ist, daß seine Utopier den Reichtum verachten. Das Gold verwenden sie unter anderem zur Herstellung von Nachttöpfen.

In seinem Buch ,,Die vier letzten Dinge" befaßt er sich auch mit der Hauptsünde der Habsucht und des Geizes. Vor allem zwei Argumente bringt er vor:

,,Die heilige Schrift sagt: ,Wenn der Reichtum auch wächst, so verliert doch nicht euer Herz an ihn' (Ps 62, 11cd). Wer sein Herz nicht daran verliert, wer seine Liebe nicht darauf wirft, glaubt in Wahrheit nicht, daß er durch Reichtum reicher wird. Und er hält diese Güter auch nicht für sein Eigentum. Er glaubt, daß sie ihm durch Gott übertragen sind, damit sie gewissenhaft an sich und andere verteilt werden. Und er weiß, daß er Rechenschaft ablegen muß über die Verteilung. Und deshalb ist er auch nicht stolz, weil er sich selbst nicht für reich hält."

,,Wenn wir uns den Tod vor Augen hielten und bedächten, daß wir nichts von allem, was wir sammeln, mit uns nehmen können, wir kämen darauf, daß alles habgierige und geizige Raffen, daß alles entzückte Betrachten der Reichtümer nichts anderes ist als ein schöner goldener Traum. Im Schlaf des Lebens sind wir darauf glücklich und stolz. Aber wenn

der Tod uns weckt, ist unser goldener Traum dahin.“
So, wie er schrieb, hat er gelebt.

Arbeitslosigkeit

Das Problem der Arbeitslosigkeit gab es auch im 16. Jahrhundert. Da es keinerlei Versicherungen gab, mußte ein Arbeitsloser in der Regel zum Bettler werden. Die Umwandlung von Äckern in Weideland machte viele Bauern arbeitslos. In den Klöstern konnten die Armen und Bettler wenigstens etwas zu essen bekommen. Als die Klöster aufgehoben wurden, wuchsen die sozialen Probleme ins Gigantische. Das geschah erst nach Mores Tod, aber er hatte diese Entwicklung vorausgesehen und davor gewarnt. – Unabhängig davon hat er sich zu wirtschftlichen Fragen geäußert. Und er hat sich vorbildlich verhalten. In der Zeit seines Dienstes am Hof, in der er viel verdiente, hat er mehr Leute bei sich beschäftigt, als nötig gewesen wäre. Drei Beispiele mögen das Gesagte belegen.

In dem „Dialog vom Trost im Leid“, den er während seiner Gefangenschaft im Tower verfaßt hat, finden wir folgende Stelle:
„Es muß Leute geben, die Vermögen haben, sonst gäbe es gewiß mehr Bettler als im jetzigen Zustand, und kein Mensch wäre in der Lage, einem anderen zu helfen. Folgendes scheint mir eine sichere Schlußfolgerung zu sein: Wenn man alles Geld, das es hierzulande gibt, morgen einsammeln würde, so daß keiner mehr etwas auf der Hand hätte, wenn es dann auf einen Haufen gelegt und so verteilt würde, daß

jeder den gleichen Betrag bekäme, dann ware am folgenden Morgen alles schlimmer als vorher . . .

In dieser Welt können Menschen nur leben, wenn einer dem andern den Lebensunterhalt ermöglicht. Nicht jeder kann ein eigenes Schiff besitzen. Ein Kaufmann braucht einen entsprechenden Vorrat. Nicht jeder kann einen Pflug haben. Wer könnte als Schneider Leben, wenn keiner einen Anzug bestellen könnte? Wer als Maurer oder Zimmermann, wenn niemand in der Lage wäre, eine Kirche oder ein Haus bauen zu lassen? Wer könnte Tuchmacher sein, wenn es nicht Menschen mit Vermögen gäbe, die sich verschiedene Arten Tuch weben lassen?

Einer, der keine zwei Dukaten hat, ist durch deren vollständigen Verlust nicht so schwer geschädigt wie der Reiche, bei dem er gegen Wochenlohn arbeitet, wenn dieser die Hälfte seines Geldes verliert. Denn er würde dann wahrscheinlich arbeitslos."

Nachdem More sein Anwesen in Chelsea bezogen hatte, schaffte er sich ein eigenes Ruderboot an und beschäftigte acht Ruderer. Wenn er im Rat des Königs abkömmlich war, ließ er sich die Themse aufwärts zu seinem Wohnsitz rudern. Bei einer dieser Fahrten fragte ihn sein Sekretär, ob er nicht mit vier oder sechs Ruderern auskommen könne. Das würde doch Geld sparen. More antwortete, er habe solche Sehnsucht nach Frau und Kindern, daß er nicht schnell genug nach Hause kommen könne. Später verriet er den wahren Grund: Wenn ich vier Ruderer weniger habe, verlieren vier Familien ihren Lebensunterhalt.

Anfang September 1528 wurde Mores Anwesen in Chelsea von einer Brandkatastrophe heimgesucht. Da er erst eine Woche später Urlaub bekommen konnte, schrieb er seiner

Frau, die die gesamte Wirtschaft führte, einen Brief. Er zeigt More, wie er leibt und lebt:
,,Lady Alice! Ich empfehle mich Dir aufs herzlichste. – Von meinem Sohn Heron (Schwiegersohn, verheiratet mit seiner Tochter Cecily) habe ich erfahren, daß unsere Scheunen und die unserer Nachbarn mitsamt dem Korn, das darin gelagert war, verloren sind. Es ist schade, daß so viel Getreide vernichtet ist. Aber immer geschehe Gottes Wille. Es hat ihm gefallen, uns ein solches Unglück zu schicken, und wir müssen uns nicht nur in seine Heimsuchung fügen, sondern sollten sie sogar freudig hinnehmen. Er hat uns alles gegeben, was wir jetzt verloren haben, und er hat es uns wieder durch seine Fügung genommen. So werde sein Wille erfüllt. Wir wollen uns nie dagegen auflehnen, sondern alles als etwas Gutes annehmen und ihm herzlich danken in Glück und Unglück. Vielleicht haben wir mehr Grund, ihm für den Verlust zu danken als für den Gewinn; denn seine Weisheit erkennt besser, was uns zum Wohl dient, als wir selber.
Darum bitte ich Dich: Sei guten Mutes. Nimm alle Hausbewohner mit Dir zur Kirche und danke Gott für alles, was er uns gelassen hat, und auch, was er uns genommen hat. Er kann es, wie es ihm gefällt, vermehren, wann er will. Und wenn es ihm gefiele, uns noch weniger zu lassen, so wollen wir uns auch dann beugen.
Ich bitte Dich, genau zu untersuchen, was meine armen Nachbarn verloren haben. Verbiete ihnen, sich Gedanken darüber zu machen. Denn lieber wollte ich selber keinen Löffel mehr haben, als daß einer meiner Nachbarn einen Verlust erlitte durch ein Unglück, das meinem Haus zugestoßen ist.
Ich bitte Dich, sei mit meinen Kindern und mit meinen Angestellten fröhlich im Herrn. Überlege mit Deinen Freunden, wie am besten Korn für den Haushalt und Saatgut für das kommende Jahr beschafft werden kann. Überle-

ge auch, ob es gut ist, Grund und Boden zu behalten; wäge das Für und Wider ab. Ich meine, wir sollten nicht jetzt verkaufen und unsere Leute vom Hof schicken. Hast Du jedoch mehr Leute, als Du brauchst, dann magst Du welche entlassen, wenn Du ihnen andere Brotherren verschaffen kannst. Ich will aber nicht, daß irgendeinem gekündigt wird, und er wüßte nicht, wohin."

Im Dienst des Königs

Schon als Kind hatte Prinz Heinrich, Sohn Heinrichs VII., Thomas More kennengelernt. Als er 1509 als Heinrich VIII. den Thron bestieg, erhofften alle eine neue Politik. Heinrich wollte das auch und suchte nach Mitarbeitern. Verständlich, daß sein Auge auch auf Thomas More fiel, obwohl dieser kein Adeliger war. Immer wieder betraute er ihn mit speziellen Aufträgen und war mit dem Ergebnis so zufrieden, daß er ihm 1516 eine jährliche Pension aussetzen wollte. Aber More lehnte ab, um nicht in Zwiespalt mit seinen Aufgaben als Unter-Sheriff von London zu kommen.

Im Jahr 1518 rief der König dann More ganz in seinen Dienst. Vierzehn Jahre seines Lebens war dieser nun einer der engsten Mitarbeiter des Königs. Obwohl er Heinrich VIII. freundschaftlich verbunden war, ging More nicht gern an den Hof. Denn seine Pläne als Schriftsteller mußte er drastisch reduzieren. Erasmus schrieb, als er die Nachricht von der Berufung Mores erhielt: „Nun werden wir keine lustigen Geschichten mehr aus Utopia hören."

More blieb mit dem Gang in die große Politik den Prinzi-

pien treu, die er in der Utopia gegenüber Hythlodeus vertreten hatte. Hier der Weg seiner „Karriere":
1518 Master of Requests (Richter, der Armenklagen zu verhandeln hatte) und Sekretär des Königs. Das letztere war eine Vertrauensstellung. More war vor allem das Bindeglied zwischen dem König und Lordkanzler Wolsey.
1521 Unterschatzkanzler. Schatzkanzler war ein hoher Adeliger, der aber nur repräsentierte. Der Unterschatzkanzler tat die Arbeit eines Finanzministers und Verwalters des königlichen Schatzamtes.
1525 Kanzler des Herzogtums Lancaster. Dies hohe Amt brachte vor allem richterliche Aufgaben mit sich, was More mehr schmeckte als das Schatzamt. Die ganze Zeit blieb er übrigens Mitglied im königlichen Rat.
1529 Lordkanzler, das höchste Amt im Staat, zum erstenmal von einem Laien aus bürgerlicher Abkunft verwaltet.
1532 Rücktritt vom Kanzleramt am 16. Mai.

Die Rede des Speakers im Unterhaus

Am 15. April 1523 wurde in London das Parlament feierlich eröffnet. Es war das einzige, das während der Amtszeit des Lordkanzlers Wolsey einberufen wurde. Der Grund: Die Staatskasse brauchte Geld.
Das Parlament war damals sozusagen noch ein Teil des königlichen Hofes. Alle Mitglieder waren Untertanen des Königs. Deshalb konnte von Redefreiheit im heutigen Sinn keine Rede sein. Der König konnte ein Mitglied des Unterhauses wegen seiner Äußerungen als Parlamentarier durchaus

bestrafen. Der alte John More erfuhr dies ja stellvertretend für seinen jungen Sohn nach einer Parlamentssitzung unter Heinrich VII.

Heinrich VIII. war bei der Parlamentseröffnung persönlich anwesend. Bischof Tunstall, ein Freund Mores, schlug diesen für das Amt des Speakers (Sprechers) vor. Dieses Amt gibt es heute noch im englischen Unterhaus. Der Speaker ist der Parlamentspräsident. Damals kam als Aufgabe vor allem hinzu, daß er die Meinung des Parlaments dem König vorzutragen hatte. Diese Aufgabe, Wortführer des Unterhauses gegenüber dem König zu sein, konnte sehr schwierig werden.

Thomas More wurde 1523 zum Speaker gewählt. Uns kommt es heute seltsam vor, daß man einen Unterschatzkanzler, also den geschäftsführenden Finanzminister, in ein solches Amt wählt. Damals fand man nichts dabei, zumal beide Seiten, die Abgeordneten und der König, zu diesem Mann Vertrauen hatten.

Bedeutsam wurde diese Parlamentssitzung durch die Rede, die More nach der Bestätigung seiner Wahl durch Lordkanzler Wolsey hielt. Gewöhnlich bat der Speaker an dieser Stelle den König im voraus um Vergebung, wenn ein Mitglied unbedacht etwas äußern würde, was dem König mißfiel. More setzte sich für die Redefreiheit ein. Es ist das erstemal in der europäischen Geschichte, daß eine solche Rede gehalten wurde. Sie ist uns überliefert. Ein Auszug:

,,Darum, allergnädigster Fürst, wenn man bedenkt, daß in Eurem hohen Parlament nur gewichtige und bedeutende Angelegenheiten behandelt werden, könnte es nicht ausbleiben, daß viele Eurer klugen Unterhausmitglieder zum Schaden der allgemeinen Anliegen sich davon abhalten lassen, Auskunft und Rat zu erteilen, es sei denn, daß jedem einzelnen alle Zweifel und alle Furcht genommen würden, wie

irgend etwas, das ihnen zufällig auf die Zunge käme, von eurer Majestät aufgefaßt werden könnte.
Es möge darum Eurer überströmenden Gnade, unserem höchst wohlwollenden und gütigen König gefallen, allen Euren hier versammelten Unterhausmitgliedern Eure gnädigste Erlaubnis zu erteilen, daß jedermann offen und ohne Furcht vor Eurem schrecklichen Mißvergnügen sein Herz ausschütte und in allem, was unter uns zur Sprache kommt, seinen Rat kühn offenbare."
Es wurde ein Parlament mit stürmischen Sitzungen, denn Wolsey verlangte für einen Krieg gegen Frankreich eine zwanzigprozentige Vermögenssteuer. Das Haus wehrte sich. Es gab auch Äußerungen gegen den Krieg. Wolsey war erbost, als er das hörte. Er erschien mit allem Pomp vor dem Parlament. Aber seine hochfahrende Art verstimmte die Leute nur noch mehr. Tagelang währte die Debatte. Schließlich blieb dem Unterhaus aber nichts anderes übrig, als die Forderung des Königs zu bewilligen. Trotzdem war Wolsey von More enttäuscht. Er sagte zu ihm: „Wollte Gott, ihr wärt in Rom gewesen, Master More, als ich euch zum Speaker ernannte." Dieser antwortete: „Euer Gnaden möge nicht beleidigt sein: Das wollte auch ich, mein Lord." – More hätte sicher gern einmal die heilige Stadt besucht. Aber dazu kam es nie.

Die europäische Einigung

Heutzutage wäre ein Mann wie Thomas Morus möglicherweise Beauftragter seiner Regierung für die Europäische Gemeinschaft. Die Absurditäten der EG entgingen ihm nicht, etwa die Rangelei um die Agrarpreise auf Kosten der Verbraucher oder die Vernichtung von Ernteüberschüssen. Er würde aber keine demagogischen Reden über diese Zustände halten wie Hythlodeus, sondern, getreu seiner Maxime aus der Utopia, versuchen, die Dinge so zu lenken, daß möglichst viel Übles vermieden würde und möglichst viel Gutes entspringen könnte. Dabei wäre er zugleich ein loyaler Vertreter der britischen Interessen.

Denn Thomas Morus war ein Europäer, vielleicht der erste Europäer im modernen Sinn. Als Engländer war für ihn die Reichsidee nicht von so großer Bedeutung, wenn er auch das Amt des Kaisers achtete. Er trauerte also dem Heiligen Römischen Reich Deutscher Nation nicht nach, das zwar dem Namen nach noch bestand, aber wenig mehr als eine lebende Leiche war. Die Nationalstaaten drängten mit Macht und vor allem mit Machtpolitik an die Oberfläche. Die Kriege waren kein Familienstreit der abendländischen Völkerfamilie mehr, obwohl die Fürstenhäuser fast alle verschwägert waren. Es begann eine Entwicklung, die ihren Höhepunkt (und hoffentlich ihr Ende) in den beiden Weltkriegen fand.

Thomas Morus sah dies sehr klar. Die Mentalität der Regierungen ist im ersten Buch der Utopia in der Hythlodeus-Rede unnachahmlich geschildert. Für Morus war Europa die „christliche Welt". So empfanden auch die Humanisten, allerdings in einem intellektuell abgegrenzten Raum in einer Art europäischer Republik des Geistes. Morus dachte als einziger von ihnen ganz real, auch ganz realpolitisch. Die Einheit Europas, der „christlichen Welt", stand für Morus auf zwei Beinen, nicht auf zwei Schwertern. Die beiden Beine sind für ihn auch nicht Kaiser und Papst, sondern der Friede und die Eintracht unter den europäischen Völkern und die Einheit der Kirche. Daß die beiden Repräsentanten, also Papst und Kaiser, für ihn eine wichtige Rolle spielten, muß jedoch angemerkt werden, sonst sähen wir falsch.

Wir beschränken uns hier auf die politische Seite. Morus sah das Unheil über Europa kommen wie ein normal Sehender unter lauter Kurzsichtigen ohne Brille. Einer der drei Wünsche, für deren Erfüllung er sich wie eine Katze im Sack ersäufen lassen wollte, lautet ja: ,,Das erste ist, daß die Mehrheit der christlichen Fürsten, statt miteinander tödliche Kriege zu führen, sich in einem allgemeinen Frieden vereinigen.“

Über ein Jahrzehnt war Morus Mitglied in einem Kronrat, der blind war für eine solche Sicht der Dinge. Der Lordkanzler, Kardinal Wolsey, war der Prototyp des machtpolitischen Intriganten. England hätte sich aus den Händeln heraushalten können. Es hätte auf diplomatischen Wegen versuchen können, Frieden zu stiften. Aber Wolsey paktierte immer mit dem, der gerade der richtige Verbündete schien. Ungeheure Summen wurden für den Krieg verschleudert. Leidtragender war das englische Volk. Morus tat, was er konnte, aber Wolseys Kriegspolitik setzte sich durch. Die bittersten Worte, die Thomas Morus jemals öffentlich gesprochen hat, sind gegen Wolsey gerichtet, als er dessen Nachfolger wurde. – Zwar gab es auch unter Wolsey immer wieder Friedensverhandlungen, zwar gehörte Morus regelmäßig zu den englischen Unterhändlern, zwar trugen viele ,,Friedensverträge“ auch seine Unterschrift; aber niemand wußte besser als er, wie trügerisch das alles war.

Morus verließ das Schiff nicht, trotz zerrissener Segel, trotz zerstrittener Mannschaft. Er tat, was er konnte, um zu verhindern, daß es noch schlimmer würde. Einmal sagte er: ,,Wenn es einmal so weit käme, daß die Welt zerrissen würde und in Barbarei fiele, wie lange würde es dann währen und welche Fülle schweren Unheils würde sich zutragen, ehe man einen Weg finden würde, der Welt die Ordnung und den Frieden wiederzugeben.“

Ebenso deutlich sah er auch die Gefahren in der europäischen „Außenpolitik“. Selim der Grausame hatte im Südosten Europas ein großes Türkisches Reich geschaffen. Land um Land wurde erobert. 1520 kam Suleiman II. an die Macht. Die Eroberungen gingen weiter. 1529, in dem Jahr, als Morus Kanzler wurde, stand Suleiman vor Wien. Diese Bedrohung war dem englischen Staatsmann stets gegenwärtig. Er hat sich auch darüber geäußert. In seinem „Dialog vom Trost im Leid“, den er im Tower geschrieben hat, lesen wir:

„Griechenland fürchtete den Türken nicht, als ich geboren wurde. Und wenige Jahre später hatte er es erobert. Der Groß-Sultan von Syrien glaubte sich dem Türken mehr als gewachsen, und schon lange, ehe du, mein Neffe, geboren wurdest, ist auch dieses Reich türkisch geworden. Dann hat er Belgrad, die große Festung des Reiches, genommen, und dann den edlen jungen König von Ungarn umgebracht. Was soll ich von dem starken Rhodos sagen? Er sah dessen Eroberung als einen Sieg über die ganze christliche Welt an. Denn die gesamte Christenheit war nicht fähig, diese starke Festung zu verteidigen.“

Aber Europa hatte mit sich zu tun. Karl V., Kaiser, König von Spanien, Herrscher von Österreich, und Franz I., König von Frankreich, bekämpften sich in endlosen Feldzügen. Keiner konnte dem anderen eine endgültige Niederlage beibringen. Deutschland war durch die Reformation zerrissen. Der Papst war in die weltlichen Händel zwischen Karl V. und Franz I. verstrickt. Frankreich paktierte sogar mit den Türken gegen Österreich.

Und Heinrich VIII. von England? Er tat nichts gegen die Türken. Wolsey war vollauf beschäftigt mit der Schaukelpolitik zwischen den beiden Streithähnen auf dem Kontinent. Der junge König Ludwig von Ungarn schrieb dreimal an Heinrich VIII. und bat um Hilfe gegen die Türken. Sein letzter Brief von 1526 ist eine verzweifelte Bitte „im Namen des unsterblichen Gottes", ihn und sein Volk zu retten, da dies auch der Sicherung der Christenheit diene. Aber Heinrich rührte keine Hand. Er hatte anderes im Kopf. Und so kam es in den letzten Augusttagen 1526 zur Schlacht bei Mohacz. König Ludwig stellte sich mit 20000 gegen die Übermacht von 200000 für sein Volk und für Europa. Es wurde eine einzige Metzelei. Nach der Schlacht wurden die 1500 ungarischen Kriegsgefangenen der Reihe nach mit dem Krummsäbel geköpft.

(Man kann heute Ungarn treffen, die an die Schlacht von Mohacz erinnern, wenn die Rede auf die Ereignisse von 1956 kommt.)

Wie tief das Morus verwundet hat, spüren wir noch aus den Sätzen, die er neun Jahre später schrieb: „Das ist sicher: Wenn die christlichen Fürsten überall da, wo es not tat, Hand angelegt hätten, der Türke hätte niemals auch nur einen von all diesen Plätzen erobert. Aber teils, weil wir uns gegenseitig bekämpft haben, teils, weil sich niemand darum kümmert, wenn ein anderes Volk zu Schaden kommt, sondern jeder den andern für sich selbst sorgen läßt, ist der Türke in wenigen Jahren geradezu wunderbar groß geworden, und die christliche Welt ist andererseits arg verfallen."

Narren im Regen und der Damenfrieden

Eine Fabel von Aesop spielt im Leben von Thomas Morus eine eigenartige Rolle. Wir erfahren das aus einem Briefwechsel zwischen Alice Alington und Margaret Roper im August 1534.

Zunächst die Fabel, wie Alice Alington sie erzählt: „In einem Land lebten fast nur törichte Menschen. Die wenigen Weisen, die es dort gab, wußten, daß ein großer Regen fallen würde. Dieser würde alle zu Narren machen, also dumm, faul und naß. Deshalb machten die Weisen sich Höhlen unter der Erde, bis der große Regen vorüber war. Dann krochen sie hervor und versuchten, die Narren zu regieren, so, wie sie es für richtig hielten. Aber die Narren wehrten sich dagegen. Sie wollten sich trotz der Klugheit der Weisen selbst regieren. Da sahen die Weisen, daß sie ihr Ziel nicht erreichen konnten, und sie wünschten sich, sie wären selbst im Regen gewesen und naß geworden."

Margaret Roper zeigte den Brief ihrem Vater bei einem Besuch im Tower. Er sagte zur Fabel des Aesop: „Die Fabel vom Regen, der allen den Verstand wegspülte, habe ich zur Genüge gehört. Sie wurde von Kardinal Wolsey im Rat des Königs so oft erzählt, daß ich sie nicht so leicht vergessen kann. Denn damals, als zwischen dem Kaiser und dem französischen König ein Zwist entstanden war, der einen Krieg wahrscheinlich machte und der später ja auch tatsächlich zum Kriege führte, gab es im Rat verschiedene Meinungen. Einige hielten es für weise, sich ruhig zu verhalten und die beiden ihre Händel allein austragen zu lassen. Und gerade gegen diese Meinung pflegte mein Lord, der Kanzler, stets diese Fabel von den Weisen zu erzählen, die nicht naß werden wollten vom Regen, der alle zu Narren machte, und die sich darum in den Höhlen unter der Erde verbargen. Und als der Regen alle zu Narren gemacht hatte, kamen sie aus ihren Höhlen und wollten ihre Weisheit ausspielen. Da begannen die Narren sich zusammenzurotten und sie zu verprügeln. Seine Eminenz sagte: ‚Wenn wir nun so klug sein wollen, still zu bleiben, während die Narren kämpfen, dann machen sie hinterher Frieden; sie verbünden sich und fallen gemeinsam über uns her.' – Ich will den Rat seiner Lordschaft

nicht anfechten, und ich hoffe, daß wir nie einen Krieg geführt haben, der nicht der Vernunft entsprach. Immerhin hat diese Fabel seinerzeit den König und das Land manchen schönen Groschen gekostet. Aber das ist vorbei, und der Kardinal ist tot. Unser Herr sei seiner Seele gnädig."
Wir gehen sicher nicht fehl, wenn wir vermuten, daß Thomas Morus im Rat gegen den Eintritt Englands in den Krieg zwischen Karl V. und Franz I. plädierte. Durch die Ironie seiner Worte klingt noch der Groll gegen die Narrheit des Kardinals.

Aber die Fabel von den nassen Narren war damals, im Tower 1534, auf ihn selbst gemünzt. Sein Nachfolger, der Lordkanzler Audeley, hatte die Fabel Lady Alice Alington erzählt, um die Haltung ihres Stiefvaters in der Eidesangelegenheit zu charakterisieren. Im Klartext: Wenn auch alle, die den Eid auf die Oberhoheit des Königs über die Kirche ablegen, Narren wären, so sollten die paar, die nicht schwören wollten, sich doch nicht in ihrer überlegenen „Weisheit" ausschließen. Die Antwort des Sir Thomas im Tower ist bemerkenswert. Wir lassen sie ungekürzt. Hier begegnet uns Thomas Morus, wie er leibt und lebt:

„Meg, nun komme ich zur Deutung der Fabel des Aesop, wie sie mein Gönner so fröhlich auf mich gemünzt hat: Wenn die Weisen nach dem Regen hervorkrochen und auch närrisch werden wollten, weil sie keine Macht mehr über die Narren hatten, dann war der Narrenguß wohl ein gewaltiger Regen. Er muß durch die Erde hindurch in die Höhle gesikkert sein und tropfte da auf die Köpfe und durch die Kleider der Weisen bis auf die Haut. Durch diese Tropfen wurden sie zu größeren Tröpfen als die, die draußen geblieben waren. Denn hätten sie auch nur ein Quentchen Verstand gehabt, dann hätten sie einsehen müssen, daß es für sie nicht der richtige Weg war, Narren zu werden, um Narren zu beherrschen. Außerdem hätten sie umgekehrt von den Narren nicht beherrscht werden können, denn so viele Narren können nicht alle zugleich regieren. Aber sie konnten es gar nicht erwarten, Narren zu regieren, auch um den Preis, selbst närrisch zu werden. Also müssen sie in der Höhle von dem Narrenguß ganz schön was abbekommen haben. Und wenn sie glaubten, alle anderen würden Narren, und sie, die Wenigen, könnten nach dem Regen die vielen Narren regieren, dann waren sie so dumm, nicht zu wissen, daß besonders Schwachsinnige und Toren schwer zu lenken sind. Also waren diese weisen Männer schon Narren, bevor es überhaupt zu regnen anfing.

Meg, wie soll ich erraten, wen seine Lordschaft mit den Weisen und mit den Narren meint? Ich bin ja sehr ungeschickt im Erraten von Rätseln. Ich bin kein Ödipus, der das Rätsel der Sphinx löste. Das kann ich sagen: Ich bin nicht Ödipus, sondern Morus. Morus ist ein griechisches Wort und heißt Tor oder Narr. Und ich meine fast, Mylord zählt mich zu den Narren. Ich zähle mich auch selbst dazu, ganz wie es meinem Namen entspricht. Gottlob gibt es Gründe genug, die mich zu dieser Ansicht bringen.

Niemand zählt mich zu jenen, die herrschen wollen; darüber bin ich mit Gott und meinem eigenen Gewissen im klaren. Das ist so gut bekannt, daß jeder es sich selbst sagen kann, denn ich bin nur durch des Königs große Gunst in eines der höchsten Ämter dieses Landes gekommen. Und es kostete mich viel Mühe, durch die gleiche Gunst wieder von diesem Amt befreit zu werden. Ich weiß also nicht, wen seine Lordschaft mit den Weisen und den Narren meint, wer seiner Ansicht nach herrschen will und wer nicht. Ich bitte inständig zu unserem Heiland, er möge uns alle so weise machen, daß jeder lernt, sich selbst zu beherrschen, hier in diesem Jammertal, in diesen traurigen Zeiten, auf dieser elenden

Welt. Boethius vergleicht einen Menschen, der sich auf dieser Erde rühmt, andere zu beherrschen, mit einer Maus, die stolz behauptet, alle anderen Mäuse in der Scheune seien ihr untertan. Gott gebe uns die Gnade, uns selbst weise zu beherrschen. Sonst werden wir im Schlaf überrascht, wenn wir plötzlich von hier scheiden müssen, um dem Bräutigam entgegenzugehen. Und weil wir kein Öl in den Lampen haben, werden wir dann wie die fünf törichten Jungfrauen von der himmlischen Herrlichkeit ausgeschlossen."
Hier könnte dieses Kapitel enden. Die Zurückweisung der Fabel ist ein Meisterstück der Dialektik, gerade weil es nicht nur Gedankenspielereien sind. Das dialektische Florett schafft einen freien Raum, in den der letzte Abschnitt über die Selbstbeherrschung hineingeworfen wird: ein Florett, das am Ende federnd und blinkend im Boden steckt.

Wie gesagt, man könnte hier aufhören. Aber es ist noch von Tatsachen zu berichten, die Thomas Morus recht gaben mit seiner Kritik am Kardinal. Wolsey war immer mit den Narren in den Regen gegangen, das heißt, er hatte England jeweils auf einer Seite mitkämpfen lassen, je nachdem, wie es am günstigsten schien. England erntete keineswegs die Freundschaft der „Narren", sondern den Haß beider Seiten. Erzählen wird das Ende der Außenpolitik Wolseys, die zugleich Mores große Stunde in der Politik wurde. 1525 war die Schlacht bei Pavia. Karl V. schlug Franz I. und nahm diesen sogar gefangen. England war auf Seiten Karls V. 1527 war der „Sacco die Roma", die grausame Plünderung Roms durch die Landsknechte Karls V. England war auf Seiten Franz I. Da streckten die „Narren" plötzlich Friedensfühler aus. Einig waren sie sich im Haß auf Wolsey und seinen König Heinrich VIII. Es hätte nicht viel gefehlt, und die beiden hätten den verprügelt, der so eifrig mit in den Regen gegangen war.

In Cambrai trafen sich die ,,Damen" Luise, die Mutter des französischen Königs, und Margarete, die Tante des Kaisers, um über einen Frieden zu verhandeln. Als die ersten Nachrichten darüber kamen, wollte Wolsey es nicht wahrhaben; er verwettete seinen Kopf, diese Gerüchte seien eine Erfindung des Feindes. Noch während man in London beriet, was zu machen sei, um der verfahrenen Situation zu begegnen, wurde Franz I. bei Landriano in Italien besiegt. Nun mußte er einen Vergleich suchen, und es war höchste Gefahr, daß dieser auf Kosten Englands zustande kam. So wurden Tunstall und More als Unterhändler nach Cambrai geschickt. Mores Verhandlungsgeschick feierte einen Triumph. Der Vertrag, der zustande kam, verschaffte England, vor allem im Außenhandel, erhebliche Vorteile. Dies hatte niemand zu hoffen gewagt. Außerdem verschaffte der ,,Damenfrieden von Cambrai" England dreizehn Jahre ohne kriegerische Verwicklungen auf dem Festland, die weitaus längste Friedenszeit für die britische Insel in der damaligen Epoche. Die Heimkehr der Gesandten von Cambrai gestaltete sich zu einem Triumphzug. Morus war der Mann des Tages. Er schien auch der Mann der Zukunft zu sein. Zwei Monate später war Wolsey gestürzt, und Thomas Morus war Lordkanzler. Aber die Eheangelegenheit des Königs und der Glaubensstreit sollten alle Hoffnungen begraben.
Sir Thomas selbst hatte gegen Hythlodeus bewiesen, daß es richtig ist, sich als ,,Weiser" politisch zu engagieren, aber eben so, wie es dieser Bühne entspricht. Er hatte entscheidenden Anteil an einem Frieden, der wenigstens die Sorgen um die politische Zukunft Europas kleiner machte. Darum hielt er diesen Friedensschluß für seine größte politische Tat, und so erwähnte er sie auf der Grabinschrift, die er für sich selbst verfaßte. Er formuliert das so: ,,Und in Cambrai, als Gefährte und Begleiter von Cuthbert Tunstall, war er voll Freude zugegen, als die Bündnisse unter den größten Herr-

schern der Christenheit neu geschlossen wurden und der so lange ersehnte Friede der Christenheit wiedergegeben wurde. Mögen die großen Mächte diesen Frieden festigen und lange erhalten!“

Drei enttäuschte Hoffnungen

Von der griechischen Denkweise her könnte man Mores Schicksal tragisch nennen. Er selbst hat es als Christ wohl nie so empfunden. Aber er mußte mit großen Enttäuschungen fertig werden. Er war ein führender Kopf der Bewegung des Humanismus. Diese Bewegung war von großen Hoffnungen getragen. Vor allem in den ersten Jahren des 16. Jahrhunderts blühten diese Hoffnungen. Sie gingen in drei Richtungen: Frieden unter den Völkern, Erneuerung der Kirche, Abschaffung der Tyrannei. Aber es kam ganz anders.

Die erste Enttäuschung war die zunehmende politische Zerrissenheit Europas. Vor allem machte More die unheilvolle englische Machtpolitik Wolseys zu schaffen. Wie oft mag er sich im Rat des Königs an seine Kernsätze in der Utopia erinnert haben, etwa daran, daß man wenigstens danach trachten müsse, zu versuchen, daß die Dinge nicht gar zu böse würden. Sein Freund Erasmus schrieb aus der gleichen Erfahrung die bewegende „Klage des Friedens“.

Die zweite Enttäuschung war die Spaltung der Kirche. Sie setzte More am meisten zu. Die geeinte Christenheit war für ihn wichtiger als der politische Friede. Er war von der Größe und Wahrheit der katholischen Lehre durchdrungen und sah in ihr den einzigen Weg zu einer geeinten Menschheit.

Deshalb gab er in der Auseinandersetzung um die christliche Wahrheit auch jede diplomatische Zurückhaltung auf. Er schrieb Buch um Buch zur Widerlegung der neuen Lehren. Und schließlich starb er auch für die Einheit der Kirche.
Die dritte Enttäuschung traf ihn ganz persönlich, obwohl ganz England schreckliche Zeiten durchmachte. More mußte erleben, wie sich sein geliebter König zum Tyrannen entwickelte. Mit einem überschwenglichen Gedicht hatte er dessen Krönung gefeiert. Er drückte damit aus, was fast alle dachten. Als Gegenbild schrieb More die Geschichte Richards III. als eines blutrünstigen Monstrums, ein Bild, das Shakespeare auch in seinem Drama wiedergibt. Aber Heinrich VIII. nahm eine unheilvolle Entwicklung. Der Justizmord an Lord Buckingham im Jahr 1521 war der Beginn eines blutigen Terrors, der bis zum Tod Heinrichs immer mehr zunahm. Auch Thomas More war eines seiner Opfer. Er selbst brach dem König nie die Treue. Dieser König hat gewiß das letzte Wort seines Freundes am Schafott nicht verdient. Es lautet: „Ich sterbe als des Königs treuer Diener, aber als Gottes Diener zuerst."

Mores Klarsicht erkannte schon frühzeitig, wie sich die Dinge entwickelten. Sein Schwiegersohn William Roper, Megs Mann, überlieferte uns das folgende Gespräch:
„Während er einmal mit mir am Ufer der Themse entlangging in Richtung Chelsea, sagte er an einem Punkt des Gesprächs: ‚Sohn Roper, bei unserm Herrn: Unter der Bedingung, daß drei Dinge in der Christenheit wohl geordnet wären, wollte ich mich in einen Sack stecken und gleich hier in die Themse werfen lassen.'
Ich sagte: ‚Was sind das für große Dinge, Sir, die euch zu einem solchen Wunsch bewegen können?'
Er antwortete: ‚Wahrlich, Sohn, es sind diese:
Das erste ist, daß der größte Teil der christlichen Fürsten,

statt in tödlichem Kriege zu stehen, sich in einem allgemeinen Frieden vereinigte.
Das zweite, daß die Kirche Christi, die in diesem Augenblick von vielen Irrtümern und Häresien arg bedrängt ist, sich einer vollkommenen religiösen Einheit erfreute.
Das dritte, daß des Königs Eheangelegenheit, die jetzt zur Sprache gekommen ist, zur Ehre Gottes und zum Frieden aller Parteien zu einem guten Ende gebracht würde.'
Ich konnte erraten, daß er damit sagen wollte, im andern Fall käme über einen großen Teil der Christenheit großer Unfriede."

Noch einen anderen Ausspruch überlieferte uns Roper. Als er einmal seinen Schwiegervater dazu beglückwünschte, daß der König so vertraulich und freundschaftlich mit ihm umgehe, antwortete dieser mit ungewöhnlicher Offenheit: „Sohn Roper, ich habe keinen Grund, mir darauf etwas einzubilden, denn wenn mein Haupt ihm ein Schloß in Frankreich gewinnen könnte (damals hatte England Krieg mit Frankreich), würde es unverzüglich fallen."
More ließ sich im Gegensatz zu den meisten Zeitgenossen weder korrumpieren noch verbittern. So überragt er seine Zeit bis heute.

Der Kampf gegen die Reformation

1515 schrieb More: Der König von Utopia „maßte sich niemals an, in Glaubenssachen Entscheidungen zu treffen, da es ihm ungewiß schien, ob nicht Gott selbst die Verschiedenheit des Glaubens wünsche, auf daß die eine Form die andere aneifere".

Zwei Jahre später veröffentlichte Luther seine 95 Thesen. Die Reformation begann. More beobachtete zunächst die Auseinandersetzung auf dem Kontinent. Manche sahen in Erasmus und More Gesinnungsgenossen Luthers, da beide ja sehr eloquent die Mißstände in der Kirche angeprangert hatten. Aber es kam anders als erwartet. Beide entschieden sich für die katholische Kirche, jeder auf seine Weise, aber beide ohne Wenn und Aber. Erasmus versuchte, Luther zum Einlenken zu bewegen. Er stand in persönlicher Verbindung mit ihm. More kannte Luther weder persönlich, noch stand er in Briefkontakt mit dem Reformator. Er ergriff eindeutig Partei für die Einheit der Kirche und für die Einheit des Glaubens. Er tat dies kompromißlos. Alle sind überrascht, mit welcher Schärfe More die Reformation bekämpft.

Viele meinen, More habe sich von 1515 bis 1523 vom toleranten Humanisten zum katholischen Fanatiker gewandelt. Dem muß widersprochen werden. Das Staatswesen und die Religion Utopias gründen sich in Mores Fiktion auf die menschliche Vernunft. Aus dieser Logik ergibt sich die Meinung des Königs von Utopia. Aber Mores eigene Überzeugung war schon 1515 eine andere. Er glaubte an die Offenbarung Gottes in Jesus Christus. Zu dieser Offenbarung gehört die Gründung der Kirche und ihr Weg durch die Jahrhunderte. In der Logik dieses Glaubens liegt seine Verbindlichkeit. Diese gewinnt er nicht durch die Plausibilität der persönlichen Erkenntnis, sondern durch die authentische Verkündigung der Kirche. Das ist Mores Überzeugung.

Darum ist es kein Bruch in seiner Person, wenn er sich mit aller Kraft gegen das Zerbrechen des Glaubens stemmt. Nur insofern lernen wir bei diesem Kampf einen neuen More kennen, als er alle diplomatische Zurückhaltung ablegt.

Das paßt natürlich nicht mehr zu der Art des heutigen ökumenischen Dialogs. Aber auch Luthers Art paßt ja nicht

mehr. Und wenn man Luther kennt und erträgt, sollte man auch More kennen und ertragen.
Der heutige Leser sollte beim Lesen der Schriften Mores gegen die Reformation bedenken, daß hier kein eitler Spätscholastiker schreibt, sondern der Freund des Erasmus, ein Humanist, der klerikale Anmaßung verabscheute. Vielleicht wird More dadurch zum ernsthaftesten Gegner Luthers im Kreis der Zeitgenossen.
Noch ein anderes Motiv für Mores Schärfe darf nicht vergessen werden. Dieser überragende Geist hatte eine tiefe Zuneigung zu den einfachen Leuten. Er hatte erfahren, wie tief ihr Glaube sein kann. Und diese Menschen sollten nun aus der Heimat ihrer Kirche vertrieben werden. Das brachte ihn auf. Katholischsein war für More nicht zuerst ein theologisches Problem, sondern ein Problem der Beheimatung. Er liebte die Kirche. Er litt unter den Zuständen. Er erlebte z. B. die Päpste aus den Häusern Borgia und Medici. Aber er nahm diese Kirche an mit Dreck und Speck. Sie war das Vaterland seiner ganzen Existenz. Heimat bedeutet ja nicht nur Gegenwärtigkeit, Heimat bedeutet Geschichte, das heißt Vergangenheit und Zukunft. Heimat bedeutet Kontinuität. Deswegen war er für Reform und nicht für Reformation.
Eine Besonderheit muß noch erwähnt werden. Die Auseinandersetzung mit der Reformation und die Auseinandersetzung um die Abspaltung der englischen Kirche von Rom geschahen völlig unabhängig voneinander. Die gleichen Bischöfe, die Heinrichs Oberhoheit beschworen, bekämpften die Reformatoren. Darum konnte More nach seinem Rücktritt sich ganz der Widerlegung der neuen Lehren widmen, ohne Sanktionen befürchten zu müssen.

Mores Schriften

Martin Luther veröffentlichte 1520 seine Schrift „Von der babylonischen Gefangenschaft der Kirche". Darin griff er die Lehre von den sieben Sakramenten an. Eigenartigerweise machte sich der König von England daran, darauf zu antworten. Er schrieb das Buch „Verteidigung der sieben Sakramente". Das Manuskript zeigte er seinem Sekretär Thomas More. Dieser riet ihm, die Passage über den Primat des Papstes abzuschwächen. Heinrich VIII. folgte diesem Rat nicht. Das Buch des Königs wurde schnell bekannt. Der Papst verlieh Heinrich VIII. den Titel „Defensor fidei" (Verteidiger des Glaubens), ein Titel, den die englischen Könige heute noch tragen. Und Luther antwortete mit der Schrift „Gegen Heinrich, König von England". Diese „Entgegnung auf die Entgegnung" ist in einem rüden Ton geschrieben. Es war unter der Würde des Königs, darauf zu antworten. Zwei Engländer übernahmen die Aufgabe der Erwiderung: John Fisher und Thomas More.
Mores „Antwort an Luther" erschien 1523. Es ist ein sehr umfangreiches Buch. More schrieb es unter einem Pseudonym. Er latinisierte das deutsche Wort Roß in Rossaeus. Wahrscheinlich wählte er ein Pseudonym, weil er es für wichtig hielt, Luther mit gleicher Münze heimzuzahlen, d. h., er müßte diesem im Schimpfen ebenbürtig sein. Tatsächlich konnte More in Latein besser schimpfen als Luther, der im deutschen Schimpfen unerreicht war. Bei beiden verbarg sich darunter aber eine ernsthafte Auseinandersetzung.

1526 hatte More eine Kontroverse mit dem deutschen Reformator Johannes Bugenhagen. Mores Brief wurde ein kleines Buch.
Die Gedanken Luthers und Zwinglis faßten auch in England

Fuß. Darum widmet sich More in der Folgezeit vorwiegend der innerenglischen Auseinandersetzung, und er schrieb deshalb in Englisch.
1529 erschienen der „Dialog über die Häresie" gegen Tyndale und die „Bittschrift der Seelen" gegen Fish. Auf die Antwort Tyndales schrieb More wieder eine Entgegnung, die 1532 erschien. Das ist die einzige Schrift, die er während seiner Kanzlerschaft veröffentlicht hat.
Nach seinem Rücktritt schrieb er den „Brief an John Frith" (1532), die „Verteidigung des Thomas More" und „Der Kampf zwischen Salem und Byzanz" (beide 1533) sowie „Über das Abendmahl" (1534).

Aus der „Antwort an Luther"

Zunächst einige Beispiele für Luthers „saftige" Ausdrucksweise in der Schrift gegen Heinrich VIII. Er sagt, dieser sei „ein dummer grober Eselskopf, ein unsinniger Narr, der nicht weiß, was Glauben ist". „Eine noch nicht zur Laus entwickelte Nisse, ein Schweinedreck für den thomistischen Dunghaufen." – „Hat der König von England seine unverschämten Lehren ausgespien, so habe ich sie ihm fröhlich wieder in den Hals gestoßen, denn er lästert damit alle meine christliche Lehre und schmiert seinen Dreck an die Krone meines Königs der Ehren, nämlich Christi, des Lehre ich habe. Darum solls ihn nicht wundern, wenn ich den Dreck von meines Herrn Krone auf seine Krone schmiere und vor aller Welt sage, daß der König von England ein Lügner ist und ein unwissender Mann."
More zitiert in seiner Antwort Luther ausführlich, um dann zu entgegnen. Hier zwei Beispiele zur Illustration:

Luther: „Wo bist du, Lord Heinrich? Bring her dein feines Buch gegen Luther! Was verteidigt euer Lordschaft? Die sieben Sakramente? Von wem belehrt, von Gott oder von Menschen? Höre denn, euer thomistische Lordschaft, das Urteil, nicht von Luther, sondern von ihm, vor dem die Pole und die Erde zittern: ‚Vergeblich dienen sie mir, dieweil sie lehren solche Lehren, die nichts denn Menschengebote sind.'"

Rossaeus: „Lieber Leser, hast du schon einmal einen Blinden gesehen, der versucht, sich selbst mit den eigenen Fäusten zu rächen? Um zu erfahren, wohin er schlagen soll, fordert er den Gegner auf zu reden und schlägt dann dorthin, woher er den Ton zu hören glaubt. Aber die Schläge nützen nichts, weil der Sprecher hinter ihm steht. Solch einer ist Luther, aber noch viel lächerlicher. Wenn der König ihm von rechts antwortet, schlägt er nach links. – Sieh ihn mit seinen blinden Augen stehen, bereit, zuzuschlagen: ‚Wo bist du, Lord Heinrich?' schreit er. – ‚Hier bin ich, nah bei dir.' – ‚Komm näher, bring herbei dein niedliches Buch gegen Luther!' – ‚Hier ist es.' – ‚Noch näher! Was ist es, was euer Lordschaft verteidigt – die sieben Sakramente?' – ‚Sicherlich.' – ‚Etwas näher! Von wem belehrt, von Gott oder den Menschen?' – ‚Von Gott.' – Nun geht er zum Schlagen über; merke, mit welcher Präzision: ‚Hören Sie, euer Lordschaft: Vergeblich dienen sie mir, dieweil sie lehren solche Lehren, die nichts denn Menschengebote sind.' Und dann bricht er in Gelächter aus und kann sich nicht mehr helfen vor Freude, weil er dem Gegner einen vernichtenden Schlag versetzt hat."

Luther: „Es steht geschrieben: ‚Alles ist euer, es sei Apollos oder Kephas oder Paulus, ihr aber seid Christi.' Wenn wir allein Christi sind, wo ist dieser stupide König, der sich mit seinen Lügen bemüht, uns des Papstes zu machen? Wir sind nicht das Papstes, aber der Papst ist unser. Er ist unser, nicht, damit wir durch den Papst gerichtet werden, sondern daß wir ihn richten. ‚Der geistliche Mensch aber richtet alles und wird von niemand gerichtet.' Wenn das wahr ist, daß alle Dinge unser sind, auch der Papst, um wieviel mehr jener Schmutz und Schande der Menschheit, die Thomisten und die ‚Henrizier'?!"

Rossaeus: „Es ist zum Sterben, wenn Tollheit selbst so toll ist, wenn Wahnsinn selbst so wahnsinnig ist wie dieser Schalkskopf von Luther. ‚Der Papst ist unser', sagt er. Er ist deswegen unser, um ihn zu richten, nicht, um von ihm gerichtet zu werden. Hier eine ähnliche Beweisführung: Der Arzt ist unser; deswegen ist er unser, damit wir ihn heilen, nicht, daß er uns heile. Und der Schulmeister ist den Schülern, aber deswegen, daß sie ihn lehren, nicht, damit sie von ihm lernen. – Was meint er mit ‚unser'? Meint er kollektiv alle zusammen oder partikulär jeden einzelnen? Wenn er alle zusammen meint, kann er für sich selbst nichts vorbringen, weil die Mehrheit der Kirche für den Papst ist und gegen Luther. Und in der Frage der Sakramente noch weniger, weil Volk und Papst, beide in Gegenwart und Vergangenheit, von ganzem Herzen für die Sakramente sind und gegen Luther. – Wenn es aber jedem einzelnen zukommt, den Papst zu richten und über die Sakramente und den wahren Sinn der Schrift zu richten – dann steht das Urteil Luthers unter so vielen Richtern allein auf einer Seite. Durch welches Vorrecht hat seine Stimme Übergewicht gegen die Stimmen des ganzen Restes? So zitiert er, der geistliche Mensch beurteile alles, er aber werde von niemand beurteilt. Und er sagt: Alle Dinge sind euer, auch der Papst. Luther allein ist geistlich, der Papst ist ungeistlich. So muß Luther alle richten und wird von niemandem gerichtet; und der Papst darf keinen richten und wird von allen gerichtet. Und dieser Rasende sieht nicht, daß, wenn er gegen den Papst rast, er auch gegen Petrus und Paulus rast. Wenn der Apostel sagt: ‚Alles ist euer', fügt er nicht hinzu: ,der Papst', sondern: ,Apollos, Kephas und Paulus'. Darum muß Luther folgerichtig argumentieren: Wir gehören nicht Petrus und Paulus, aber Petrus und Paulus gehören uns; daher ist es unsere Sache, Petrus und Paulus zu richten und nicht von ihnen gerichtet zu werden. – Nein, nicht so sehr ,unsere' Sache als ,meine'; es ist ja das Vorrecht des geistlichen Menschen, zu richten und nicht gerichtet zu werden. Daher darf Luther, der geistliche Mensch, richten. Aber er richtet nicht nur die Thomisten und die Henrizier allein, sondern auch Petrus und Paulus und die übrigen Apostel. Lieber Leser, kann man noch leugnen, daß Athene dem Haupt des Zeus entsprungen ist, wenn Luthers Kopf solche Tollheiten gebiert?"

Aber so sehr Rossaeus auf seinem Roß sitzenbleibt, um es Luther gleichzumachen. Immer wieder schimmert der klarsichtige und nüchterne Morus hindurch. Mitten im Getümmel dieser Straßenschlacht findet sich z. B. ein Satz wie dieser: „Mit einem oder zwei guten Päpsten würde die christliche Welt bald erkennen, wieviel mehr eine Reform der gänzlichen Abschaffung des Papsttums vorzuziehen ist."

Die Bußwerke

In einem weiteren Punkt war der Zusammenstoß mit den Reformatoren unvermeidlich, in der Frage des Fastens und der Buße. Für den fröhlichen Thomas Morus war, ähnlich wie für Franziskus, die Buße ein Lebenselement, ein Bereich der Gotteserfahrung, der ihm teuer war. Ständig trug er ein härenes Hemd auf bloßem Leibe. Es quälte ihn Tag für Tag. Wer hätte so etwas bei diesem fröhlichen, spritzigen Weltmann vermutet? Und wenn wir an ihm Gefallen finden, der so viele „moderne" Züge hat, dann sollten wir sein Bußhemd nicht vorschnell einfach als Schrulle abtun. Es gehört zum Ganzen seines Bildes. – Mancher mag die Vermutung haben, er habe das Bußhemd getragen, um seine Leidenschaft zu dämpfen. Mehrmals redet er ja von seiner starken Sinnlichkeit. Diese Vermutung ist falsch, wie wir gleich sehen werden. – Am Ende seines Lebens sagt Thomas, daß Fasten und Buße viel mehr Vorteile haben als nur einen einzigen. Er mußte es wissen. In dem „Dialog vom Trost im Leid" steht zu lesen:

„Was Fasten und andere körperliche Abtötung angeht, so lehnen sie (die Reformatoren) das ab und verlangen nur, daß wir unser Fleisch bezähmen, wenn wir merken, daß es begierlich und rebellisch wird. Fasten lassen sie gelten, soweit es dazu dient, den Körper in Zucht zu halten. Aber zur Buße zu fasten oder etwas anderes Gutes zu tun, etwa Almosen geben oder dergleichen, das nennen sie einen Frevel am Leiden Christi, durch das allein unsere Sünden vergeben werden – ohne jede Genugtuung unsererseits. Jene, die für ihre eigenen Sünden büßen, scheinen ihnen ihr eigener Christus zu sein, ihre Erlösung selbst bestreiten und sich selbst retten zu wollen.

Als ich in Sachsen war, war die Diskussion erst im Anlaufen. Da habe ich auch einen Ordensmann predigen hören. Sein Thema war Kampf gegen Fasten und alle Abtötung zur Buße, die er menschliche Erfindung nannte: Denn Christus ist unsere ganze Gerechtigkeit, und er ist unser Erlöser und unsere ganze Sühne für all unsere Todsünden. Er tat volle Buße für uns alle an seinem schrecklichen Kreuz; er wusch uns alle rein mit dem Wasser seiner Seite; er erlöste uns aus der Teufelsgefahr durch sein kostbares Blut. Laßt deshalb ab, laßt ab, ich flehe euch an, von diesen Erfindungen der Menschen, von eurem törichten Fasten und eurer kindischen

Buße! Verkleinert nicht, was ihr Christus verdankt, und versucht nicht, euch selbst zu erlösen! Ich sage euch, Christi Tod ist es, der uns alle erlösen muß, Christi Tod, sage ich noch einmal, und nicht unsere eigenen Werke. Laßt deshalb ab von eurem eigenen Fasten und stützt euch auf Christus allein, ihr guten Christen, wegen Christi kostbarem Leiden!'

Gott vergebe dem Mann und bewahre alle vor dieser Sorte von Predigern. Sie mißbrauchen den Namen Christi und das Wort von seinem Leiden mehr als fünfhundert andere, die in ihrer eitlen Geschäftigkeit bei seinem heiligen, bitteren Leiden und Tod leichtsinnig schwören und falsch schwören. Sie bringen die Menschen davon ab, die Schliche ihres eigenen Geistes zu merken. Sie vergessen, daß die Kirche sie stets gelehrt hat, daß all unsere Sühne ohne Christi Leiden keinen Deut wert wäre. Sie erwecken im Volk die Meinung, daß wir uns retten wollen durch eigenes Tun ohne Christi Tod, während die Kirche bekennt, daß sein Leiden allein unvergleichlich mehr für uns verdient hat, als es all unsere Werke tun, daß es ihm aber gefällt, wenn wir selbst Leid ertragen mit ihm. Deshalb gebietet er seinen Jüngern, ihr Kreuz auf sich zu nehmen, wie er es tat, und mit ihrem Kreuz ihm zu folgen.

Und wenn sie sagen, daß Fasten nur zur Zucht dient, um das Fleisch zu zähmen und es vor Begierden zu bewahren, dann würde ich in aller Aufrichtigkeit bedacht haben, daß Mose nicht so wild gewesen ist, daß er es nötig gehabt hätte, zur Bezähmung seines Fleisches volle vierzig Tage hintereinander zu fasten. Nein, und Heli auch nicht, und auch nicht unser Erlöser selbst, der mit Fasten sein Wirken anfing, und seine Apostel folgten ihm darin und die ganze Christenheit. König Achab war nicht in der Verfassung, fleischliche Begierden zu haben, als er fastete und in Sack und Asche Buße tat. Und Anna, die so viele Jahre in Fasten und Beten im Tempel zubrachte, war in ihren alten Tagen nicht so arg von

dieser Begierlichkeit ihres Fleisches geplagt, daß sie deshalb so viel gefastet hätte. Und der heilige Paulus hat auch nicht deshalb gefastet.
Die Schrift ist voll von Stellen, die beweisen, daß Fasten keineswegs eine Erfindung der Menschen, sondern eine Einrichtung Gottes ist, und daß es viel mehr Vorteile hat als nur einen einzigen."

Die Bibel in der Muttersprache

Luthers Bibelübersetzung führt noch heute viele zu der Meinung, die Frage der Übersetzung der Heiligen Schrift in die Volkssprachen sei ein rein reformatorisches Anliegen gewesen. Dem ist nicht so. Luthers große Leistung ist nicht die Idee der Übersetzung, sondern die Kraft seiner Sprache.
Es gab damals eine innerkatholische Kontroverse um diese Frage. Durch die Wirren der Reformation wuchs der Einfluß der Gegner von Übersetzungen. Sie argumentierten so: Ohne Erleuchtung des Heiligen Geistes kann die Schrift nicht richtig ausgelegt werden. Diesen Heiligen Geist hat aber nur der Papst und vielleicht die übrige Hierarchie. Also ist es gefährlich, dem gewöhnlichen Christen die Schrift in die Hand zu geben.
Thomas Morus nimmt zu der Frage in seinem Dialog gegen Tyndale Stellung. Ein Kommentar erübrigt sich.
„Ich habe bis jetzt noch keinen einleuchtenden Grund gehört, der gegen eine Übersetzung der Bibel in die englische Sprache angeführt werden könnte . . . Und wenn wir annehmen sollen, es sei eine schlimme Sache, wenn die Schrift in unsere Sprache übersetzt würde, dann müssen wir auch an-

nehmen, es sei eine schlimme Sache gewesen, daß man die Bibel in Griechisch und Latein übersetzt hat. Und es war dann sogar eine schlimme Sache, das Alte Testament in Hebräisch und das Neue Testament in Griechisch zu verfassen, denn diese Sprachen waren damals Volkssprachen, so wie unsere heute. Ich halte nicht mit meiner Meinung zurück: Wenn auch nur ein guter, frommer, ungebildeter Laie beim Lesen der Schrift in seiner Sprache Kraft gewinnt, dann können meinetwegen hundert Irrlehrer vorsätzlich Mißbrauch mit dem Text treiben. Ich halte den Schaden nicht für größer. Denn unser Erlöser kommt mit seiner Gnade ohnehin nur zur kleinen Herde, für die anderen ist er der Stein des Anstoßes und der Fels des Ärgernisses."

Über das Altarsakrament

Das Altarsakrament war für More ein Herzstück der Kirche und ein Herzstück seines eigenen Lebens. Im Tower schrieb er sich ein Gebet auf, das wahrscheinlich von ihm selbst verfaßt ist:

„Lieber Gott, nimm von mir die Lauheit,
die große Kälte bei der Betrachtung
und die Dürre des Herzens im Gebet zu dir.
Gib mir Wärme, Frische, Freude im Gedanken an dich.
Gib mir die Gnade, nach deinen heiligen Sakramenten zu verlangen.
Gib mir Freude in der Gegenwart deines heiligen Leibes,

süßer Heiland Christus im heiligen Sakrament des Altares.
Hilf mir, dir von Herzen zu danken,
denn du besuchst mich ja in deiner Huld.
Hilf mir, mit zarter Anteilnahme deiner hohen Gedächtnisfeier beizuwohnen und dein bitteres Leiden zu betrachten.
Guter Herr, schenke uns heute Anteil an der Kraft dieses heiligen Sakramentes.
Süßer Heiland Christus, mach uns alle Tage zu lebendigen Gliedern deines geheimnisvollen Leibes, deiner katholischen Kirche."

Kein Wunder, daß More auf den Plan trat, als rationalistische Reformatoren dieses Kernstück des Glaubens angriffen. In England wurde vor allem eine Schrift von John Frith bekannt. Dieser hatte Tyndale bei der Bibelübersetzung geholfen, war verhaftet worden, floh zum Festland und kam 1532 nach England zurück. Er wurde wieder verhaftet. Im Tower schrieb Frith seinen Traktat über das Altarsakrament. Ein halbes Jahr nach seinem Rücktritt vom Kanzleramt antwortete More darauf in einem langen Brief.
Zu Beginn vergleicht er die Irrlehre mit der Krebskrankheit. Sie beginnt an einer Stelle, wo man es gar nicht recht merkt, und breitet sich dann auf alle Organe aus. Doch dann ist es bereits zu spät. Bei vielen ist die Krankheit schon sehr weit fortgeschritten.
Dann geht er auf die Eucharistielehre Friths ein. Er sei noch extremer als Luther, weil er die Gegenwart Christi im Sakrament völlig leugne, ähnlich wie Zwingli und andere.
Frith behauptete, die Worte „Das ist mein Fleisch, das ist mein Blut" seien nur eine Allegorie. Christus habe auch gesagt: „Ich bin der Weinstock, ich bin die Tür", und niemand denke daran, ihn für einen wirklichen Weinstock

und für eine wirkliche Tür zu halten. Brot und Wein seien lediglich Erinnerungen an den abwesenden Herrn. Christus habe es wie ein Bräutigam gemacht, der in ein fremdes Land zieht und vorher seiner Braut zum Zeichen seiner Treue einen Ring schenkt. Außerdem sei eine Gegenwart Christi in Brot und Wein absurd und undenkbar, also auch unmöglich.

Thomas Morus antwortet darauf mit mehreren Argumenten. Manche wiederholt er bis zu fünfmal im Lauf des Briefes. So verweist er auf den biblischen Kontext: Als Jesus sich mit einem Weinstock und einer Tür verglich, verwunderte das keinen der Jünger, da sie es richtig als Gleichnis verstanden. Als er aber sagte, daß sein Fleisch ihre Speise und sein Blut ihr Trank sei, als er sagte, wer sein Fleisch nicht esse und sein Blut nicht trinke, der könne nicht gerettet werden, da verwunderten sie sich sehr. Sie fragten, wie das denn möglich wäre. Das hätten sie nie gefragt, wenn sie das Ganze wie ein Gleichnis aufgefaßt hätten. Also versuchten schon die Jünger zu glauben, daß ihnen Christus wirklich sein Fleisch und sein Blut geben werde.

Er legt auch die rationalistische (wir würden heute sagen, die aufklärerische) Denkweiße bloß. Es gibt vieles, was für den Menschen widerspruchsvoll, aber für Gott durchaus möglich ist. Als Beispiel führt er das Zusammenwirken der Vorsehung Gottes und des freien Willens des Menschen an. Rationalisten meinen entweder, alles sei Schicksal (oder Vorsehung) und es gäbe keinen freien Willen des Menschen, oder sie meinen, alles hinge vom freien Willen des Menschen ab und Gottes Vorsehung sei eine Einbildung; und das nur deshalb, weil ihr Verstand das Zusammenwirken beider für undenkbar hält. Der Abschnitt schließt: „Der Teufel wird uns in kurzer Zeit so weit bringen, daß die Vernunft ganz an die Stelle des Glaubens tritt; dann dauert es nicht mehr lange, bis wir die Dreifaltigkeit Gottes anzweifeln."

Der Gedanke mit dem Ring des Bräutigams sei an sich nicht schlecht. Nur verhalte sich Frith wie einer, der vom Bräutigam den Ring erhält, um ihn der Braut zu übergeben. Er habe einen goldenen Ring mit einem wertvollen Rubin bekommen, gebe aber der Braut nur einen Ring, der aus Sumpfgras geflochten ist.

Das wichtigste Argument ist aber ein anderes. Es begegnet uns als das zentrale Argument bei der Auseinandersetzung mit den Reformatoren: More kann nicht begreifen, daß auf einmal falsch sein soll, was 1500 Jahre lang von den Menschen in der Kirche geglaubt wurde, darunter von Leuten mit klarem Verstand, die nüchtern die Probleme begriffen, die aber auch wußten, daß bei Gott kein Ding unmöglich ist. Wie kann man sich so rüde in Gegensatz zu den Kirchenvätern stellen und zur Überzeugung der ganzen Christenheit? Er zitiert Hieronymus: „Wenn die Erklärung anderer Theologen und die Übereinstimmung der allumfassenden Kirche nicht mehr Gewicht hätten, wenn jeder für eine beliebige Meinung Anhänger sammeln würde, dann könnte auch ich auf diese Weise eine neue Sekte gründen. Ich könnte anhand der Schrift beweisen, daß keiner, der zwei Betten hat, Christ sein kann." Morus fährt fort: „Wenn dem so wäre, wäre es auch für mich nicht schwer, fünfzehn neue Sekten zu erfinden. Und ich könnte sie mit ebensoviel Beweisen aus der Heiligen Schrift untermauern, wie es diese neuen Theologen mit ihren Irrlehren tun."

Das Gebet einer einfachen Frau

In Friths Traktat, der im vorigen Abschnitt erwähnt ist, findet sich ein Gebet, das seine rationalistischen Ansichten in fromme Worte kleidet. More sagt dazu, auf dieses Gebet würde er keinen roten Pfennig geben. Jede einfache Frau könne bessere Worte finden, die ihr ohne Anstrengungen einfallen. Die Einfachheit eines solchen Gebetes habe aber etwas Vollkommenes in den Augen Gottes.

More gibt dann am Ende des Briefes die Inhaltsangabe eines solchen Gebetes. Im folgenden ist diese Inhaltsangabe zu einem Gebetstext umgeformt. More verteidigt die Gläubigkeit der einfachen Menschen und gibt uns zugleich Einblick in seine eigene tiefe Eucharistiefrömmigkeit:

„Lieber Herr Jesus Christus, ich danke dir für deine Güte. Es ist ein großes Geschenk, daß ich als gewöhnlicher Mensch und als ein Unwürdiger an deinen heiligen Tisch treten darf. Zum Gedächtnis deines bitteren Leidens, das du auch für meine Sünden getragen hast, gibst du mir nicht nur Brot zu essen, sondern unter der Gestalt des Brotes deinen heiligen Leib und dein heiliges Blut. Du gibst mir deinen ganzen Leib, in dem du gestorben und auferstanden bist, in dem du deinen Aposteln erschienen und schließlich zum Himmel aufgefahren bist. In diesem Leib wirst du auch wiederkommen zum Gericht am Jüngsten Tag. Du wirst dann im Himmel in der gleichen Gestalt mit dem Vater und dem Heiligen Geist in der ewigen Herrlichkeit herrschen, und alle, die an dich geglaubt haben, werden dann mit dir die Herrschaft teilen. Als Glieder deines mystischen Leibes wirst du sie nicht mehr hungern lassen, denn in der Schau deiner Gottheit werden sie für immer gesättigt sein.

Hier auf Erden stillst du unseren Hunger nach dem Himmel, denn du gibst uns Hoffnung auf die ewige Seligkeit. Du hast uns im heiligsten Altarsakrament das sichere Zeichen der Erlösung hinterlassen. So reichst du uns jetzt schon unter der Brotsgestalt deinen Leib als Nahrung. Wenn wir daran glauben, werden wir geistig mit dir vereint und auch leiblich schon auf Erden mit dir verbunden. So bereitest du uns auf das ewige Leben vor, in dem wir mit dem Vater und mit dir und mit dem Heiligen Geist vereint sein werden."

Der Primat des Papstes

Thomas Morus lebte in einer Zeit, in der der Papst auch ein weltlicher Herrscher war. Außerdem waren die Päpste seiner Zeit nicht gerade überzeugende Vertreter ihres Amtes. In seinen jungen Jahren trug Alexander VI. die Tiara.

Die Humanisten und mit ihnen natürlich More setzten sich für eine Reform der Kirche ein und wünschten nichts sehnlicher als eine Reinigung des Papsttums.

Als dann die Reformation losbrach, als Luther in der „Babylonischen Gefangenschaft der Kirche" das Papsttum und die Sakramente angriff, da machte sich König Heinrich VIII. – wie schon erwähnt – persönlich daran, eine Verteidigung der Sakramente gegen Luther zu schreiben. Er zeigte das Manuskript seinem Sekretär More zur Durchsicht. Dieser riet ihm, den Abschnitt über die Suprematie des Papstes ganz wegzulassen oder doch abzuschwächen, denn wenn es einmal zu Unstimmigkeiten zwischen dem König und dem Papst kommen sollte, weil beide ja politisch entgegengesetzte Interessen haben könnten, würde der Abschnitt nur noch mit Unbehagen gele-

sen. Der König weigerte sich, dem Rat zu folgen, und ließ das Kapitel stehen.
Daraufhin befaßte sich More eingehender mit der Frage des Primates. In einem Brief, den er am 5. März 1534, also etwa fünf Wochen vor dem Verhör in Lambeth und sechs Wochen vor der Einlieferung in den Tower, an Thomas Cromwell schrieb, äußert er sich ausführlich zu dieser Frage:
„Später befaßte ich mich eingehender mit dem Buch des Königs. In den letzten zehn Jahren studierte ich noch viele andere Schriften, die den Primat des Papstes zum Gegenstand haben. Dabei stellte ich fest, daß die heiligen Lehrer der Kirche, angefangen von Ignatius (von Antiochien), dem Schüler des Apostels Johannes, bis in unsere Tage in diesem Punkt einig sind, ob sie griechisch oder lateinisch schreiben. Das gleiche wurde auch von einigen Allgemeinen Konzilien bestätigt. Trotz aufrichtiger Mühe habe ich bei den Gegnern keine stichhaltigen Argumente gefunden. Ich fand nichts, was mich bestimmen könnte, ihnen beizupflichten. Im Gegenteil, ich muß mich fürchten, in große Gefahr zu kommen, wenn ich den Primat, der von Gott bestimmt ist, bestreiten würde. Am Primat hält die ganze Christenheit fest. Dafür gibt es einen dringenden Grund: Er soll Schismen verhindern und die Nachfolge auf dem Stuhl Petri sichern . . .
Die ganze Christenheit bildet eine Einheit. Es geht nicht an, daß ein Glied sich ohne die Zustimmung der andern aus der Gemeinschaft löst . . . Ich sehe nicht ein, warum man sich den Kopf zerbrechen soll, ob der Primat direkt von Gott oder von der Kirche eingesetzt ist. Es sei denn, die Frage käme auf einem ordentlich einberufenen Allgemeinen Konzil zur Sprache. Dessen Entscheidungen sind unbedingt zu befolgen. Die Unfehlbarkeit eines Konzils darf man nicht in Frage stellen. Wonach sollten wir uns sonst richten?“
Es ist schon eigenartig, daß der König seinen Mitarbeiter

dazu gebracht hat, den Glauben an das Petrusamt zu stärken, der gleiche König, der ihn wegen dieses Glaubens hinrichten ließ.

Das Zeugnis eines deutschen Lutheraners

In Deutschland gab es einen wenig bekannten Gelehrten namens Grynaeus, der sich vor allem dem Studium der griechischen Sprache widmete. Wegen einiger wissenschaftlicher Publikationen waren Studien in Oxford nötig. More nahm ihn bei sich auf und ebnete ihm die Wege nach Oxford. Das Erstaunliche an diesem Vorgang ist, daß Grynaeus ein Anhänger Luthers war und daß More dies wußte. Es kann keinen Zweifel geben, daß More die Theologie Luthers verurteilte. Er stellte alle seine Fähigkeiten in den Dienst der Widerlegung der Lehre Luthers und seiner Anhänger. Darum ist der folgende Brief ein erstaunliches Dokument für das Format seiner Persönlichkeit.

Grynaeus richtete diesen Brief an John More, als er von der Hinrichtung des Vaters erfuhr.

„Euer Vater hatte damals den höchsten Rang in England; aber auch ohne diesen Rang (des Lordkanzlers) war er durch seine überragenden Eigenschaften deutlich als der erste Mann des Königreiches erkennbar. Ich aber war klein und unbekannt. Und doch fand er aus Liebe zur Wissenschaft inmitten öffentlicher und privater Geschäfte Zeit, sich öfter mit mir zu unterhalten. Er, der Kanzler des Reiches, ließ mich an seinem Tisch sitzen, und auch auf dem Weg von und zum Hof durfte ich dabeisein. Es fiel ihm nicht schwer, zu erkennen, daß sich meine religiösen Ansichten in verschiedenen Punkten von den seinigen unterschieden. Aber seine Güte und Höflichkeit blieb unverändert. Unsere Ansichten gingen weit auseinander. Und doch half er mir in Wort und Tat und führte meine Angelegenheit auf eigene Kosten zu Ende. Er gab uns John Harris (Mores Sekretär), einen jungen Mann von beträchtlicher literarischer Bildung, als Reisebegleiter und schrieb einen so vorteilhaft verfaßten Brief an die Behörden der Universität Oxford, daß uns nicht nur die Türen aller Kollegbibliotheken aufflogen, sondern auch die Studenten uns die höchste Gunst erwiesen, als seien sie von Merkurs Zauberstab angerührt worden. Ich bin hocherfreut über die von mir entdeckten Schätze, beladen mit den Geschenken eures großzügigen Vaters und überwältigt von seiner Güte in mein Land zurückgekehrt."

Nicht für alles Geld der Welt

Auf einer Insel im Pazifik werden die Außenaufnahmen eines Films gedreht. In einer längeren Drehpause macht die Hauptdarstellerin einen Spaziergang an der Sandküste entlang. Sie kommt an eine Aussätzigen-Siedlung, von deren Existenz sie bis dahin nichts gewußt hat. Als erstes trifft sie auf eine Schwester, die am Ufer die armselige Bekleidung der Aussätzigen reinigt. Eine Weile schaut sie zu. Dann sagt sie zu der Schwester: „Das würde ich nicht für eine Million Dollar tun." Die Schwester antwortet: „Ich auch nicht."

Als Thomas Morus vom Kanzleramt zurückgetreten war, verlor er alle seine Einkünfte. Da er kein Vermögen angehäuft hatte, war er über Nacht ein armer Mann. Die drohende Spaltung der Kirche bedrückte ihn so sehr, daß er seine ganze Zeit darauf verwandte, die neuen Lehren zu widerlegen. Dabei konnte er natürlich keinen Penny verdienen. Die englischen Bischöfe, die trotz ihrer Schwäche gegenüber dem König die Spaltung der Kirche ebensowenig wollten, wußten, welch ein Verbündeter dieser „Laie“ in der Auseinandersetzung um die Einheit der Lehre für sie war. Keiner konnte so gut argumentieren wie More. Da sie seine Not kannten, sammelten sie untereinander, und es kam ein Vermögen von ca. 5000 Pfund zusammen, eine gewaltige Summe, die Thomas Morus auf viele Jahre hinaus aller materiellen Sorgen enthoben hätte (heutiger Wert: über eine Million DM).

More lehnte ab. Sie redeten ihm zu, daß er wenigsten für Frau und Kinder das Geld annehmen solle. Aber er lehnte ab. Er sagte: „So nicht, meine Herren. Es wäre mir lieber, das ganze Geld würde in die Themse geworfen, als daß ich oder einer der Meinen auch nur einen Penny davon hätten. Euer Angebot ist wirklich gütig und ehrenhaft. Aber ich halte so viel von meiner Freude und so wenig von meinem Gewinn, daß ich auch für eine größere Summe mir nicht so viele schlaflose Nächte einhandeln wollte. Unter der Voraussetzung, daß alle Irrlehren überwunden würden, wollte ich sogar, daß all meine Bücher verbrannt würden und meine Mühen völlig umsonst wären. – Mir wäre es lieber, die Leute läsen weder die häretischen Bücher noch meine eigenen, sondern andere Bücher, die ihrer Frömmigkeit dienen, wie etwa die ‚Nachfolge Christi‘.“

Der Beter

Zu den großen Betern der Christenheit gehört zweifellos Thomas More. Der erste Band der deutschen Ausgabe seiner Werke, die 1983 begann, hat den Titel: „Gebete und Meditationen". Dieses Bändchen macht deutlich: Thomas More hat nur wenige Gebete selbst verfaßt. Er lebte aus dem Gebetsschatz seiner Kirche. Das gilt für alle großen Beter. Es kommt ihnen nicht darauf an, möglichst viel aus dem Herzen heraus neu zu formulieren, sondern mit dem Herzen zu beten, was die Kirche ihnen in den Mund legt, getreu der Weisung des heiligen Benedikt, man solle so beten, daß das Herz mit dem übereinstimmt, was der Mund sagt.
Diese Praxis verhindert in keiner Weise, daß das Gebet ganz persönlich ist; sie führt es aber in die Weite des großen Ich der Kirche. Die Erde ist sozusagen eingehüllt in das Gebet der Kirche. Und in dieser Luft atmet der Beter. More war sich stets bewußt, daß er als Glied der Kirche betete.
Darum ist es fast selbstverständlich, daß er die Psalmen über alles schätzte. Sie sind ja das Urgestein des Gebetes des Judentums und der Christenheit. Nie hat die Kirche aufgehört, die Psalmen zu beten. Sie spielen auch im Gebet des Thomas More die zentrale Rolle. Auch in seinen Büchern zitiert er überaus häufig das Buch der Psalmen.
Wenn er seine Familie vor dem Schlafengehen zum Nachtgebet versammelte, dann sah diese Andacht so aus: Psalm 51 (Gott sei mir Sünder gnädig), Psalm 25 (Zeige mir, Herr, deinen Weg), Psalm 67 (Es segne uns unser Gott), Salve Regina, Psalm 130 (Aus der Tiefe) für die Verstorbenen.

Das Gebetbuch, das er im Tower bei sich hatte, ist uns nicht nur bekannt, das Exemplar ist bis heute erhalten. Zwei Bücher sind in einem Ledereinband vereinigt: das marianische

Tagzeitengebet, gedruckt 1530, und ein Psalterium mit Hymnen, gedruckt 1522. Im Psalterium hat More eine große Zahl von Versen, die ihm besonders wichtig waren, angestrichen. Öfter hat er einen ganzen Psalm mit einem Strich am Rand versehen. Außerdem hat er Bemerkungen an den Rand geschrieben. – Im ersten Teil finden wir Mores bekanntestes Gebet, die „Meditation". Es sind 22 Doppelverse, die er über und unter den Satzspiegel des Stundengebetes geschrieben hat. Man kann verstehen, daß die Familie dieses Buch wie einen Schatz gehütet hat. Heute ist es in New York in der Yale-Universität aufbewahrt.
Nach seiner Verurteilung zum Tod verfaßte More ein längeres Gebet, das uns tief anrührt. Es ist geistliche Beichte und Kommunion in einem, denn wahrscheinlich durfte ihn kein Priester besuchen. Der Schlußteil dieses Gebetes ist so aufgebaut: Zunächst zitiert er die Schlußverse des Te Deum, es folgt ein Gebet für die Freunde, dann ein Gebet für die Feinde (Mach uns gemeinsam zu erlösten Seelen im Himmel); darauf folgt die Vaterunser-Bitte „Dein Wille geschehe wie im Himmel so auf Erden" und der erstaunliche Schlußsatz: „Lieber Gott, gib mir die Gnade, die Gaben, um die ich bitte, als Aufgaben auch zu verwirklichen. Amen."

Eines der Gebete, die er selbst verfaßt hat, soll am Schluß stehen. Wir finden es im Traktat über das Leiden Christi am Ende des Abschnitts über die Fußwaschung:

„*Allmächtiger Jesus, mein süßer Heiland Christus, deine eigenen Hände, denen alle Macht gegeben ist, haben den zwölf Aposteln die Füße gewaschen, nicht nur den guten, auch deinem Verräter.*
Guter Herr, wasche in deiner großen Güte ebenso die schmutzigen Füße meiner Haltung den Menschen gegenüber,

damit niemals der Hochmut, andere gering zu achten,
Fuß faßt in meinem Herzen,
damit ich in deiner Liebe mit Demut und Hingabe
meine Hände schmutzig mache beim Waschen der
Füße anderer, sei es Freund oder Feind. Amen."

Kommentar zur eigenen Biographie

Heilige und Legenden sind offenbar nicht voneinander zu trennen. Auch unser Heiliger bekam das zu spüren. Wenn Legenden eine Wahrheit in eine Geschichte kleiden, mag das noch angehen. Aber . . . lesen Sie selbst:

Die Reliquien des Thomas Morus standen hoch im Kurs. Jedermann wollte welche haben. Nun geschah es, daß ein besonders begehrtes Stück, nämlich ein Zahn des seligen Mannes, auftauchte. Das teure Andenken lag zwischen zwei Brüdern auf einem Tisch. Beide waren gleich begierig nach dem wertvollen Schatz. Die natürliche Folge wäre ein Streit gewesen. Aber Streit ist nicht christlich. Was tat also unser Märtyrer, um den Streit zu verhindern? Ganz einfach: Vor den staunenden Augen der Brüder teilte sich der Zahn. Da lagen nun zwei Zähne, für jeden einen. Die Sünde war verhindert, und ein Wunder war geschehen.

Diese Geschichte kann man in der Biographie, die der Urenkel Cresacre More verfaßte, nachlesen. Natürlich ist sie dort frömmer erzählt. Zur Ehre der Kirche sei gesagt, daß dieses Märchen im Heiligsprechungsprozeß keine Rolle spielte. Thomas Morus wurde ohne ein nachweisbares Wunder von Pius XI. heiliggesprochen.

Aber der Heilige selbst gab 29 Jahre vor seinem Tod in einem Brief an Thomas Ruthall, den Sekretär des Königs, einen Kommentar zu solchen Geschichten:
„Man darf sich nicht wundern, daß die Gemüter einfacher Menschen durch solche lügnerischen Hirngespinste erregt werden, wenn sogar der heilige Augustinus darauf hereinfiel. – Plumpe Geister glauben, sie hätten etwas Großes geleistet und Christus für immer übertrumpft, wenn sie irgendeine reich ausgeschmückte Legende oder eine Schauergeschichte aus der Hölle erfinden. Sie sind stolz, wenn ein altes Weib oder eine verrückte Person darüber Tränen vergießt oder entsetzt zusammenschaudert. Das Leben jedes Märtyrers und jeder Jungfrau bietet ihnen Stoff. Über dem Ganzen schimmert trotz der Erdichtung ein Firnis frommer Gesinnung. Solche Märchen lassen die Vermutung aufkommen, als genüge sich die Wahrheit allein nicht, wenn sie nicht gehörig mit Lügen unterstützt werde. Sie entstellen die Religion, deren Kern nüchterne Wahrheit ist."

Heinrich VIII.

Thomas More inszenierte für seinen Freund Erasmus bei dessen erstem Englandbesuch im Jahr 1500 folgende Überraschung. Der Rotterdamer wohnte damals bei seinem Schüler Lord Mountjoy in der Nähe des Schlosses Eltham. Dort wurden unter Aufsicht von Mountjoy die Kinder König Heinrichs VII. erzogen. Eines Tages erscheint Thomas More und lädt Erasmus zu einem Spaziergang ein. Sie gehen zunächst auf das Dörfchen Eltham zu und kommen dann zum Schloß. Sie überqueren die Zugbrücke und betreten die große Halle. Dort sind die Kinder mit ihren Erziehern versammelt. Im Mittelpunkt steht der neunjährige Prinz Heinrich (Kronprinz Arthur ist den Kinderschuhen schon entwachsen), neben ihm seine beiden Schwestern. More überreicht dem Prinzen ein lateinisches Gedicht, das er verfaßt hatte, und stellt Erasmus vor.

Das ist die erste Begegnung, von der wir wissen. Heinrich ist neun, More ist zweiundzwanzig Jahre alt. Fünfunddreißig Jahre später ließ der eine den anderen köpfen.

Wie kam es dazu? Da Arthur König werden sollte, wurde Heinrich für den geistlichen Stand bestimmt. Auf ihn sollte der wichtigste Bischofssitz Englands warten, der des Erzbischofs von Canterbury. Lord Mountjoy bot Gewähr dafür, daß Prinz Heinrich im Geist der „Neuen Wissenschaft", wie man damals in England den Humanismus nannte, erzogen wurde. Daran nahmen More und seine Freunde großen Anteil.

Ein Jahr nach dem geschilderten Ereignis heiratet Prinz Arthur die Prinzessin Katharina von Aragon. Doch schon kurze Zeit darauf stirbt der Kronprinz, der schon immer schwächlich war.

Prinz Heinrich ist nun der Thronfolger. Die Humanisten freuen sich, denn sie erwarten, daß Heinrich eine ganz neue Art von König wird. Der Knabe hat Latein, Französisch und Italienisch gelernt. Er ist ein begabter Musiker, der nicht nur Orgel, Flöte und Cembalo spielen kann, sondern auch selbst komponiert. Ein Mann mit solcher Bildung auf dem Thron – was konnte man sich Besseres wünschen.

Thomas More hat in jenen Jahren ein kurzes Gedicht verfaßt:

Was ist ein guter König?
Ein Wachhund für die Herde.
Er bellt, wenn Wölfe kommen,

und schlägt sie in die Flucht.
Was ist ein schlechter König?
Er selber ist der Wolf.

Als Prinz Heinrich nach dem Tod seines Vaters im Frühjahr 1509 als König Heinrich VIII. ausgerufen wird, ist die Freude groß. Alle hoffen, daß er der gute Wachhund wird, der die Herde schützt. More schreibt zur Krönung ein begeistertes Gedicht. Der Himmel hängt voller Geigen.

Wenige Tage vor der Krönung heiratet Heinrich die Witwe seines Bruders Arthur. Der Historiker Ranke schreibt, dies sei die verhängnisvollste Hochzeit der Weltgeschichte.

Zunächst deutet nichts auf die kommende Katastrophe, im Gegenteil. Heinrich spricht eine allgemeine Amnestie aus; die Gefängnistore öffnen sich. Das Gefühl der Befreiung ist allgemein. „Pflücke die Blüten, England, vergiß deine alten Leiden!" „Das Land fließt über von Milch und Honig." Das sind Äußerungen aus jenen Tagen.

Heinrich und ganz England erwarten nun die Geburt des Thronerben. Aber Katharina hat mehrere Totgeburten. Nur das Mädchen Maria bleibt am Leben. Heinrich ist verzweifelt, Katharina auch. Langsam kühlt die Liebe des Königs zur Königin ab. Dazu kommt, daß die Schaukelpolitik des Lordkanzlers Wolsey immer wieder die Beziehungen zu Kaiser Karl V., dem Verwandten der Königin, trübt. Das Unheil nimmt seinen Lauf.

Ab 1518 gehört Thomas More zum Rat des Königs. Wer wann zum erstenmal auf die Idee kam, die Ehe des Königs für ungültig zu erklären, ist nicht bekannt. Der Gedanke, einmal aufgekommen, tut langsam seine Wirkung. Sie wird zu „des Königs großer Sache". Gelehrte der ganzen Welt befassen sich mit den Bibeltexten zur Schwagerehe und mit der Frage der Gültigkeit der päpstlichen Dispens. Im Jahr 1527 fragt der König auch More nach seiner Meinung. Er erhofft von seinem klugen Berater Zustimmung. Aber More sagt nach reiflicher Überlegung, er halte die Ehe für gültig. Der König bedrängt ihn weiter, denn Mores Auffassung ist wichtig. Das einzige, was ihm dieser als Freundschaftsdienst versprechen kann, ist aber, daß er sich nicht einmischen werde. Als Gegenleistung verspricht der König im Zusammenhang mit der Ernennung zum Lordkanzler 1529, daß er More niemals mit seiner Sache befassen wird, um ihn nicht in Zwiespalt zu bringen.

Zwei Dinge verschärfen die Situation erheblich. Der Papst sieht sich nicht in der Lage, die Ehe Heinrichs und Katharinas für ungültig zu erklären. Und Heinrich verliebt sich in die Hofdame Anna Boleyn.

Die Ereignisse überstürzen sich. More eröffnet 1529 als Kanzler das sogenannte Reformationsparlament, dessen Gesetze ihm den Tod bringen werden. Heinrich erklärt sich zum einzigen Oberhaupt der englischen Kirche. Der Klerus unterwirft sich zunächst zögernd, 1532 dann endgültig. More tritt zurück. Die Ehe des Königs wird für ungültig erklärt. Heinrich macht Anna Boleyn zur Königin. More nimmt an der Krönung der neuen Königin 1533 nicht teil.

Das Parlament schreibt einen Eid vor, der die Oberhoheit des Königs über die Kirche und das Nachfolgerecht der Kinder der neuen Königin beschwört. Den zweiten Teil des Eides ist More bereit zu beschwören, den ersten Teil nicht. Das bringt ihm den Tod.

Die grausige Geschichte geht aber weiter. Auch Königin Anna wird 1536 geköpft. Heinrich heiratet Johanna Seymour. Sie stirbt eines natürlichen Todes, und Heinrich heiratet Anna von Cleve. Die Ehe wird geschieden; Heinrich heiratet Katharina Howard. Diese wird wieder geköpft. Heinrich heiratet Katharina Parr. Sie überlebt ihn.

Was ist der Grund für eine solche Entwicklung zum Wolf, um mit More zu reden? Ein Grund ist in Mores Büchern zu finden. Er wird nicht müde, den Stolz und die Hoffart als die schrecklichste aller Sünden zu bezeichnen. Und so gut Heinrich ausgebildet wurde, seine Erzieher haben ihn von Anfang an den Stolz und den Hochmut gelehrt. Das trug schreckliche Früchte. More drückte es in seiner Treue zu Heinrich nie so aus, aber er dachte wohl so.

Rücktritt, Verhaftung, Prozeß, Verurteilung

Was dachte sich Heinrich VIII., als er More zum Kanzler machte? Erwartete er, daß dieser die geplanten Aktionen gegen die Geistlichkeit aktiv mittragen würde, weil er Laie war? Dachte er, er könne More durch das hohe Amt korrumpieren? Das ist durchaus möglich, denn kaum ist More Kanzler, beginnt die Kampagne des Königs. Sein Instrument ist das Parlament, das More kurz nach seiner Amtseinführung eröffnen muß.

Systematisch werden die Bischöfe unter Druck gesetzt. Es wird begonnen, Kirchengut zu enteignen. Der König verspricht, dem Klerus „gnädig" zu sein, wenn dieser eine ihm genehme Erklärung abgibt. 1531 tritt die Synode von Canterbury zusammen und berät über den geforderten Text. Der Wortführer der Gegner ist Bischof John Fisher von Rochester. Es gelingt ihm und seiner kleinen Gruppe, die Erklärung durch die Klausel „soweit das Gesetz Christi es erlaubt" abzuschwächen.

Am 11. September nimmt die Synode folgenden Text an: „Die Kirchenversammlung sieht in König Heinrich ihren einzigen Beschützer, ihren einzigen und höchsten Herrn und, soweit das Gesetz Christi es erlaubt, auch ihr oberstes Haupt."

Aber Heinrich ist damit nicht zufrieden. In der nächsten Sitzungsperiode hagelt es neue Angriffe auf die Geistlichkeit. Die Enteignungen werden fortgesetzt. Eine neue Erklärung wird gefordert, die völlige Unterwerfung bedeutet. John Fisher erhebt seine Stimme: „Wenn wir den König als Oberhaupt anerkennen, dann zerreißen wir den ungenähten Rock Christi in Stücke, wir zerreißen den geheimnisvollen Leib des Erlösers. Dann übergeben wir den wundervollen Bau der Kirche dem Feuer. Überlegt euch, was ihr tun wollt!"

Die Worte verhallen. Am 15. Mai 1532 unterwirft sich die Kirchenversammlung dem König. Am 16. Mai tritt More vom Kanzleramt zurück. Als offiziellen Grund gibt er seine stark angegriffene Gesundheit an.

Inzwischen gehen die Auseinandersetzungen weiter. More ist jetzt Privatmann. Aber er wird nicht in Ruhe gelassen. Es ist wohl vor allem Thomas Cromwell, der Sekretär des Königs, der ihm etwas anzuhängen versucht. More braucht sein ganzes Geschick als Jurist, um einer Anklage zu entrinnen. Er lebt zurückgezogen in Chelsea und schreibt Seite um Seite zur Widerlegung der neuen Lehren.

Das Netz zieht sich enger zusammen. Im Januar 1533 heiratet der König Anna Boleyn. Im Mai 1533 erklärt das Parlament die Ehe zwischen Heinrich und Katharina von Aragon für ungültig. Am 1. Juni wird Anna Boleyn zur Königin gekrönt. More ist eingeladen, geht aber nicht zur Feier. Das bringt ihm großen Ärger ein, aber viel Zustimmung beim Volk. Im März 1534 entscheidet das päpstliche Gericht, daß die erste Ehe Heinrichs nicht für ungültig erklärt werden kann.

Im gleichen Monat nimmt das Parlament die sogenannte

Sukzessionsakte an. Sie lautet: ,,Die Ehe des Königs mit Katharina ist trotz der vom Papst erteilten Dispens null und nichtig. – Des Königs Nachkommen aus der Ehe mit Anna Boleyn gelangen auf den Thron. – Wer es wagt, durch Schriften oder Handlungen zum Nachteil der gesetzlichen Ehe mit Anna Boleyn zu wirken, gilt als Staatsverräter. – Bei Strafe des Hochverrats sollen alle Untertanen im Reiche die Sukzessionsakte dem ganzen Inhalt nach beschwören."

Am 12. April, es ist der Weiße Sonntag, ist More in London zu Besuch. Dort stellt ihm ein Beamter die Vorladung vor die Lords nach Lambeth zu. More geht sofort zurück nach Chelsea und nimmt Abschied von seiner Familie. Am Montagmorgen geht er in die Kirche, um zu beichten und an der Messe teilzunehmen. Dann fährt er mit dem Ruderboot die Themse abwärts nach Lambeth.

Im selben Palast, in dem er als Page gedient hatte, wird er aufgefordert, den Eid auf die Sukzessionsakte zu schwören. Er stellt fest, daß der Eid dieser Akte nicht entspricht, sondern viel weiter geht. Er weigert sich, den Eid zu leisten, ist aber bereit, die Sukzession zu beschwören. Den Grund für die Verweigerung des Eides auf die Oberhoheit des Königs über die Kirche von England gibt er nicht an. Über diese Verhandlung liegt ein ausführlicher Bericht aus Mores eigener Feder vor.

Zunächst wird More in das Gewahrsam des Abtes von Westminster übergeben. Aber nach vier Tagen, am 17. April 1534, wird er in den Tower gebracht. Weil er beharrlich über seine Beweggründe schweigt, kann man ihn nicht als Hochverräter anklagen. Der Grund der Haft ist die Eidesverweigerung.

Ein Jahr sitzt More in seiner Zelle ohne ein offizielles Verhör. Er darf Briefe schreiben und wenige Besuche empfangen. Auch an einigen Büchern arbeitet er. Später nimmt man

ihm Feder, Papier und Tinte weg. Dann schreibt er mit Holzkohle auf grobes Material.
Die Zelle ist feucht. More leidet an Krämpfen. Seine Galle macht ihm sehr zu schaffen, und auch in der Brust hat er heftige Schmerzen.
Die Monate vergehen. Im Parlament gibt es unterschwellig Widerstände gegen weitere Verschärfungen. Aber die Leute des Königs setzen die sogenannte Suprematsakte durch. Sie wird am 1. Februar 1535 beschlossen und lautet: ,,Der König, seine Erben und Nachfolger sind die alleinigen Oberhäupter der englischen Kirche. – Wenn jemand dem König, der Königin oder ihren Erben ein Ungemach in Wort und Schrift wünscht oder wenn jemand ihnen ihre Titel, vorzugsweise den neuen des kirchlichen Oberhauptes, nicht anzuerkennen sich erdreisten sollte, so gilt er als Staatsverräter. Er soll die Strafe des Hochverrats erleiden."
Nun ist die Eidesformel ,,legalisiert". Acht Wochen geschieht nichts. Am 30. April holt man More zum Verhör aus seiner Zelle. Aber er schweigt weiter. Immer noch ist das einzig nachweisbare Vergehen die Verweigerung des Eides. Eine Äußerung gegen die Suprematsakte kann nicht vorgelegt werden.
Es folgen weitere Verhöre am 7. Mai, am 3. und am 14. Juni. Sie sind ebenso ergebnislos.
Am 17. Juni wird John Fisher zum Tod verurteilt und am 22. Juni hingerichtet. Einige Kartäusermönche mußten schon vorher einen qualvollen Tod sterben.

Der Prozeß gegen Thomas More findet am 1. Juli statt. In Westminster Hall ist das oberste Staatsgericht versammelt. Zwölf Geschworene sollen den Spruch fällen.
Eine lange Anklageschrift wird verlesen. More verteidigt sich geschickt gegen die Anklage des Hochverrats. Er sagt: Verrat müsse sich in Wort und Tat bezeugen, nicht im

Schweigen. ,,Denn für dieses Schweigen kann weder euer Gesetz noch irgendein Gesetz auf der Welt mich nach Recht und Billigkeit bestrafen."

Der Prozeß kommt nicht voran. Schlimm für einen groß inszenierten Schauprozeß. So tritt Staatsanwalt Rich als Zeuge auf und schwört einen Meineid. Er schwört, More habe ihm gegenüber sein Schweigen gebrochen und gesagt, der König könne kein Oberhaupt der Kirche sein.

Die Geschworenen ziehen sich zurück. Nach einer Viertelstunde wird das Verdikt gesprochen: ,,Der Angeklagte Sir Thomas More ist schuldig im Sinn der Anklage."

Lordkanzler Audeley erhebt sich, um das Urteil zu sprechen. Aber More fordert das ihm zustehende Schlußwort. Er bittet nicht um Gnade, sondern redet offen: ,,Da ich sehe, daß ihr entschlossen seid, mich zu verurteilen (Gott weiß, wie), will ich nun zur Erleichterung meines Gewissens meine Meinung wider die Anklage und das Statut offen und frei darlegen. Weil diese Anklage auf einer Parlamentsakte gründet, die in unmittelbarem Widerspruch zu den Gesetzen Gottes und seiner heiligen Kirche steht, deren höchste Leitung sich kein weltlicher Fürst aufgrund irgendeines Gesetzes (in ihrer Gesamtheit oder auch nur in Teilen) anmaßen darf, da sie von Rechts wegen dem Heiligen Stuhl in Rom als ein geistlicher Vorrang zusteht, der dem heiligen Petrus und seinen Nachfolgern, den Bischöfen eben jenes Heiligen Stuhles, durch den Mund unseres Heilandes selbst als ein Privileg zuerkannt worden ist, darum ist dies kein Gesetz, aufgrund dessen ein Christ von Christenmenschen unter Anklage gestellt werden kann.

Denn wie der heilige Paulus von den Korinthern sagt: ,Meine Kinder, ich habe euch in Christus wiedergeboren', so könnte auch der heilige Gregor, der Papst von Rom, von dem wir durch seinen Boten, den heiligen Augustinus, zu-

erst den christlichen Glauben empfangen haben, von uns Engländern in Wahrheit sagen: ‚Ihr seid meine Kinder, denn ich habe euch die ewige Erlösung gegeben.'
Wenn ich allein auf meiner Seite stünde . . ., wäre ich unsicher. Aber ich habe keinen Zweifel, daß zwar nicht in diesem Reich, aber doch in der ganzen Christenheit nicht der kleinere Teil der gelehrten Bischöfe und tugendhaften Männer, die heute leben, hierin mit mir einer Meinung sind. Und wenn ich von denen sprechen soll, die schon tot sind, von denen sich viele als Heilige im Himmel befinden, so wäre ich völlig sicher, daß der übergroße Teil von ihnen ebenso gedacht hat wie ich. Deshalb, meine Herren, bin ich nicht verpflichtet, mein Gewissen einem einzelnen Reich gegen das allgemeine Konzil der Christenheit anzupassen. Jedem eurer Bischöfe kann ich hundert aus den genannten heiligen Bischöfen entgegenstellen. Gegen euer eines Konzil oder Parlament – Gott weiß, was das für eines ist – habe ich alle Konzilien seit tausend Jahren. Und gegen dieses eine Königreich habe ich alle andern christlichen Königreiche.
Aber ihr sucht mein Blut nicht so sehr wegen dieses Supremats, sondern weil ich die Ehe nicht billigen wollte."
Das Urteil wird verkündet. Thomas More soll von Pferden nach Tyborn geschleift werden. Dort soll er aufgehängt, der Leib aufgeschlitzt und die Eingeweide herausgerissen werden. Dann soll der Körper gevierteilt und die Teile auf den Toren der Stadt aufgespießt werden.

Hier stehe ich; ich kann nicht anders

Das berühmte Wort ist höchstwahrscheinlich niemals aus Luthers Mund gekommen. Aber durch die Legende ist es so eng mit ihm verwoben, daß wir Luther in ihm wiedererkennen.
(Ähnlich ist es übrigens mit einem Wort des Thomas Morus. Sein angeblich letztes Wort: „Dieser Bart hat ja keinen Hochverrat begangen", ist nicht nachweisbar; aber es paßt zu ihm.)
Hier stehe ich, ich kann nicht anders. Das wurde zu einem Kennwort für Menschen, die sich auf ihr Gewissen berufen. Thomas Morus zählt zu den Märtyrern des Gewissens, und das Wort paßt auch auf ihn. Aber es paßt nur von außen. Daß er es je gesagt hätte, ist schlecht vorstellbar. Er hatte zwar Sinn für Dramatik, aber seine Stärke lag im Dialog, nicht im Blackout.
Wenn er sich auf sein Gewissen beruft, dann tut er es zwar mit Festigkeit und innerer Sicherheit, aber es schwingt immer ein gewisses Bedauern mit, daß er dazu gezwungen ist; und er versäumt nicht zu betonen, daß er damit nicht über das Gewissen anderer richten wolle. Luther hält den, der seiner (Luthers) Gewissensentscheidung nicht auch folgt, eher für gewissenlos oder zumindest für einen Feind des Evangeliums. Morus behandelt den Widerspruch zum Evangelium (bei anderen) nicht als Gewissensfrage, sondern als Sachfrage.
Die Frage nach dem Gewissen hat in unserem Jahrhundert eine große Bedeutung. Es herrscht heillose Verwirrung darüber. Darum ist es gut, einmal genauer hinzuschauen, wie Morus sich verhält.
Wir sagen, der oder der Mensch habe kein Gewissen. Was

meinen wir damit? Wir meinen, er habe keine Hemmungen, Böses zu tun. Judas küßt Jesus. Er hat keine Hemmungen, das Zeichen der Freundschaft zum Zeichen des Verrats zu machen. Eine junge Frau klingelt an der Tür eines Bankiers, mit dem sie gut bekannt ist. Er öffnet arglos und wird ermordet. – Auch zwei große Gewissenlose unserer Zeit müssen wir nennen: Hitler und Stalin.

Aber was antworten wir, wenn diese Leute behaupten, sie hätten nach ihrem Gewissen gehandelt? Judas hat sein Volk vor einem Schwärmer retten wollen. Die Terroristin folgte ihrem sozialistischen, marxistischen oder anarchistischen Gewissen. Selbst Hitler und Stalin könnten behaupten, sie seien ihrem Gewissen gefolgt, und sie könnten es ehrlich meinen.

Was antworten wir? Das Gewissen ist tatsächlich die letzte Position, auf die sich ein Mensch zurückziehen kann. Da gibt es kein Ausweichen mehr. Darum können wir zunächst keine schlüssige Antwort geben. Wir müssen die Sache weiter untersuchen.

Das Gewissen unterscheidet Gut und Böse. Aber es legt selbst nicht fest, was Gut und Böse ist. Dies lernt es von einer anderen und höheren Instanz. Von dieser Instanz wird das Gewissen geformt (oder informiert, wie der theologische Fachausdruck heißt). Obwohl es also das Innerste eines Menschen ist, wird es von außen geformt.

Wenn nun die Autorität, der ein Mensch sein Gewissen unterwirft, verbrecherisch ist oder falsch, dann ist auch das Gewissen verbrecherisch oder falsch, dann begeht der Mensch guten Gewissens Verbrechen oder handelt guten Gewissens falsch. Das ist bestürzend.

Wir haben also eine erste Antwort: Die Frage nach dem Gewissen kann nicht isoliert gestellt werden; die informierende Autorität muß mitgesehen werden. Sage mir, wer dein Gott ist, und ich sage dir, wie dein Gewissen ist. Ist dein

Gott der Moloch einer Ideologie, dann wehe dir und wehe denen, die dir ausgeliefert sind. Im Neuen Testament sind Götter genannt, die bis heute überlebt haben: der Mammon, der Bauch.

Seit den Tagen des Thomas Morus macht sich noch ein anderer Gott immer breiter: das Ich. Die Entdeckung des Individuums hatte leider sofort seine Vergöttlichung zur Folge. Wir können den Segen, der aus dieser Entdeckung entsprang, nicht genug loben. Wenn nur alle ihr Gewissen wenigstens von der Achtung der Menschenrechte formen ließen, welch ein Segen für die Erde! Aber allzuoft macht sich das Ich breit als letzte Autorität. Wir alle spüren das als Kinder unserer Zeit. Wir alle sind geneigt, wenn wir nicht nachdenken, die Überzeugung eines Menschen und sein Gewissen als ein und dieselbe Sache anzusehen. Das ist jedoch gefährlich. Wenn unser Gott ein Ich ist, das mit unserem Ich identisch ist, dann müssen wir damit rechnen, daß unsere Überzeugung falsch sein kann. Soviel auch Überzeugung und Gewissen miteinander zu tun haben, wehe uns, wenn wir sie für dasselbe halten.

Wir Christen sind der Meinung, daß nur der Gott Abrahams, Isaaks und Jakobs, der Vater unseres Herrn Jesus Christus, unser Gewissen formen darf; alles andere ist vom Übel.

Darum eine weitere Antwort: Es gibt das verkehrte und das irrige Gewissen.

Aber wir reden auch vom schlechten und guten Gewissen. Ein schlechtes Gewissen hat der, der seinem Gewissen nicht gefolgt ist, ein gutes der, der seinem Gewissen gefolgt ist. Und hier tun sich neue Abgründe auf. Der eine mordet und hat ein schlechtes Gewissen. Er weiß, daß er sich von Haß und Geldgier hat hinreißen lassen. Der andere mordet und hat ein gutes Gewissen. Er hat die Gesellschaft von einem Oberbullen befreit. Wer ist der bessere Mensch? Die Anwäl-

te der Terroristen pochen auf das Recht ihrer Mandanten auf das gute Gewissen, das aus dem „gerechten" Kampf kommt. Jesus neigt sich mehr zu den Menschen mit dem schlechten Gewissen. Er ruft sie zur Umkehr.
Wir haben also noch eine andere Antwort: Die Frage nach dem Gewissen kann nicht isoliert gestellt werden. Wir müssen auch fragen, was ist objektiv gut und böse? Welche Gebote gibt es, die für alle verbindlich sind?
Und wir reden auch vom unsicheren Gewissen. Wenn es stimmt, daß wir bereit sein müssen, unsere Überzeugung zu korrigieren, weil Gottes Wahrheit nicht faßbar ist, dann ist das Gewissen von Haus aus unsicher. Außerdem sind Gut und Böse zwar einfache Kategorien, und Gottes Gebote sind lapidar (in Stein gemeißelt), aber das konkrete Leben bringt uns so viele verwirrte Situationen auf den Hals, daß es gar nicht so einfach ist, gut und richtig zu entscheiden.

Der unromantische und nüchterne Thomas Morus hat in langen Nächten und mit viel Gebet zu einem sicheren Gewissen gefunden. Darum seine leisen Töne, deshalb seine Achtung vor dem Gewissen anderer. Sein Weg zu einem guten Gewissen war ein dialogischer. Es war ein undramatischer Weg, auch wenn er mit dem Tod endete.
Auch Luther rang um ein sicheres Gewissen; es war ein dramatisches Ringen, das aus tiefer Unsicherheit umschlug in demonstrative Sicherheit.
Die Gewissenslage beider Männer war total verschieden. Luther hielt sein Erlebnis der Befreiung für den Erweis einer Wirklichkeit. Sonst hätte er nicht von sich sagen können: der Mann Gottes, Luther. Morus wäre es nie in den Sinn gekommen, dergleichen von sich zu sagen. Und wenn Luther sagte: „Mein Herr Christus", dann war dies für ihn auch eine Legitimation. Morus sagte dies nur als Anrede im Gebet.

Luthers Gewissen wurde bestimmt von seiner Erkenntnis der Bibel. Er dachte durch und durch dogmatisch. Morus fragte nach der Solidarität der Kirche. Er dachte durch und durch kirchlich.
Und es gibt noch einen Unterschied: Luther zählt zu denen, die vorwiegend sagen: Mein Gewissen ermächtigt mich oder befiehlt mir, das und das zu tun. Morus zählt zu denen, die vorwiegend sagen: Mein Gewissen hindert mich oder verbietet mir, das und das zu tun.
Es geht hier nicht in erster Linie um den Vergleich zwischen diesen beiden großen Männern, und schon gar nicht um eine Verurteilung Luthers. Wir wollen nur die Eigenart des Thomas Morus etwas klarer herausarbeiten; denn sie kann uns in unserem Jahrhundert dienen, jedem von uns persönlich.
Morus war ein hellsichtiger Mann. Er erkannte die Abgründigkeit des Problems „menschlichen Gewissens". Er wußte, daß unser Gewissen das Eigenste ist, das jeder Mensch hat, das einzige, das er vor seinen Richter tragen kann. Deshalb ging er sorgsam mit ihm um; er hegte es auf den Knien, in einem doppelten Sinn: sorgsam wie ein Vater sein Kind und kniend im Gebet vor Gott. Deshalb hatte er eine solche Achtung vor dem Gewissen anderer.

Die Story von den zwölf Geschworenen

Nach einem Fernsehspiel von Reginald Rose wurde 1957 ein Film gedreht, der mit Recht noch heute immer wieder einmal gezeigt wird: Twelve angry men – Die zwölf Geschworenen. Zwar ist in dem Film von den zwölf Geschworenen

mit keinem Wort von Thomas Morus die Rede, aber er atmet ganz und gar seinen Geist. Ja, die Grundidee zu dem Fernsehspiel stammt von ihm, wenn auch Reginald Rose die Story Mores offenbar nicht kannte.
Von Freund und Feind wurde dem Gefangenen im Tower immer wieder vorgeschlagen, er solle sich der Mehrheit seiner Freunde anschließen, die alle den Eid geschworen hatten. Er solle doch nicht so verbohrt sein. Thomas antwortete mit der *Story von den zwölf Geschworenen*:

»Zu jedem Jahrmarkt gehört auch ein Gericht, in dem über Streitigkeiten Recht gesprochen wird, die auf der Messe vorkommen.« (Damals war ein Jahrmarkt noch ein wirklicher Verkaufsmarkt für eine ganze Gegend; eine Art Warenmesse im heutigen Sinne.)
»Dieses Gericht hat einen ganz hübschen Namen, der mir aber im Moment nicht einfallen will. Wir können ja für diesmal das Jahrmarktgericht ohne Namen lassen oder wenn du willst, es ,,Gerichtshof des Sir William Pounder" nennen.
Nun war da einmal ein Londoner Gerichtsbeamter bei einer Bartholomäusmesse an diesem Gericht tätig. Er lockte einen Geächteten von seinem Verkaufsstand weg, ließ seine Waren beschlagnahmen und verhaftete den Mann. Auf irgendeine Weise veranlaßte dieser seine Freunde, daß der Beamte aus London wegen eines kleinen Vergehens festgenommen wurde. Ich kann mich aber nicht mehr entsinnen, was er sich hatte zuschulden kommen lassen.
Auf jeden Fall wurde er vor das Gericht des Sir William Pounder gebracht.
Nach einiger Zeit gedieh dieser Fall so weit, daß man ihn vor das Gericht der zwölf Geschworenen brachte. Der Mann aus dem Norden hatte es fertiggebracht, daß viele aus seiner Heimat zu den Geschworenen zählten.

Der letzte Nachmittag der Verhandlung war angebrochen. Kläger, Angeklagter und Verteidiger waren angehört worden. Die Zwölf gingen an einen abgelegenen Ort, um die Sache nochmals zu überdenken und sich über den Wahrspruch zu einigen. So wird die Äußerung der Geschworenen bezeichnet.
Sie waren sich bald darüber einig, daß der Londoner Gerichtsbeamte zum Tode verurteilt werden sollte. Aber der Teufel hatte es so eingerichtet, daß unter den Geschworenen wenigstens ein ehrlicher Mann war. Er stammte aus Kumpany. Aber weil der Bursche nicht gerade hell aussah, weil er nichts sagte und einfach schweigend da saß, rechneten sie gar nicht mit ihm, sondern einigten sich und beschlossen, ihren Wahrspruch abzugeben. Der arme Kerl merkte plötzlich, daß alle sich beeilten, dem Prozeß ein Ende zu machen, und er konnte sich doch mit ihrem Vorgehen nicht einverstanden erklären, wenn sie behaupteten, es entspringe ihrer ehrlichen Überzeugung.
Kumpany (der Mann hatte den gleichen Namen wie seine Heimatstadt) bat die Geschworenen, einen Moment zu warten, die Sache nochmals zu besprechen und sie ihm zu erklären, damit er zur gleichen Meinung käme wie sie. Wenn sie ihn von der Rechtmäßigkeit ihres Spruches überzeugen könnten, so würde er sich gerne mit ihnen einverstanden erklären, sonst müßten sie eben auf seine Stimme verzichten. Er müsse aber doch genau wie sie für seine eigene Seele sorgen, er müsse doch wie sie seinem Gewissen folgen.
Die anderen Geschworenen ärgerten sich sehr über ihn. Einer sagte zu ihm: ,,Hör mal, mein Lieber, woher kommst du denn? Siehst du denn nicht, daß wir elf miteinander einig wurden? Du stehst ja mit deinen Zweifeln ganz allein gegen uns alle. Wie willst du sie dann begründen? Wie heißt du dem überhaupt, du kluger Bursche?“

„Ich heiße Kumpany."

„Wahrhaftig, dann müßtest du doch eigentlich ein guter Kumpane sein und dich mit uns einigen. Gib uns deine Stimme, wenn nicht aus Überzeugung, so doch wenigstens um deiner guten Kumpanei willen."

„Meine lieben Herren", antwortete Kumpany, „wollte Gott, daß nicht mehr von dieser Stimmabgabe abhinge. Aber wenn wir einmal sterben müssen und vor Gott Rechenschaft abzulegen haben, wird er euch in den Himmel eingehen lassen, weil ihr eurem Gewissen gemäß gehandelt habt. Mich aber wird er zum Teufel schicken, weil ich gegen meine Überzeugung handelte und euch nur um der guten Kumpanei willen meine Stimme gab. Wenn ich dann zu euch sagen würde: ‚Meine Herren, um der guten Kumpanei willen gab ich euch meine Stimme als Geschworener, deshalb werde ich jetzt verdammt. Erzeigt mir jetzt auch ein wenig Kameradschaft und gebt mir einige von euch zur Kumpanei mit in die Hölle', würdet ihr mich etwa begleiten, Master Dikson? Nein, wahrhaftig, weder ihr noch einer von den anderen käme mit mir. Deshalb müßt ihr mich entschuldigen, wenn ich um der guten Kumpanei willen nicht mit euch stimme. Aber in einer derart wichtigen Sache will ich nicht gegen meine innerste Überzeugung sprechen."«

Der Tower in London

Wenn man einen Ort nennen soll, der über viele Jahrhunderte ein Ort des Schreckens war, dann fällt einem der Tower in London ein. Ursprünglich ein Königsschloß, wurde er zum gefürchteten Gefängnis. In der Biographie von Hunderten

bekannter Engländer heißt es irgendwann: Er (sie) wurde in den Tower gebracht. Für die allermeisten endete dies mit dem gewaltsamen Tod.
Wer heute London besucht, besichtigt gewöhnlich auch den Tower. Wer sich rechtzeitig darum bemüht, kann die Erlaubnis bekommen, auch den Bells-Tower zu besuchen. Darin befindet sich der Raum, in dem Thomas Morus über ein Jahr gefangen gehalten wurde. In diesem Raum hängt heute ein Bild des ehemaligen Gefangenen.
Es sind eigenartige Gedanken, die einen bewegen, wenn man in dieser Gefängniszelle steht. Seneca, ein Philosoph, der im ersten Jahrhundert nach Christus gelebt hat, schrieb aus der Verbannung in einem Trostbrief an seine Mutter Helvia: „Sokrates ging mit derselben gleichmütigen Miene, mit der er als einziger die dreißig Tyrannen zur Ordnung gerufen hatte, in den Kerker und nahm somit diesem Raum alles Schimpfliche. Denn einen Raum, in dem ein Sokrates weilte, kann man nicht mehr als Kerker ansehen."
Man kann es nicht besser sagen: Einen Raum, in dem ein Morus weilte, kann man nicht mehr als Kerker ansehen. Uns ergreift eine Ahnung von der Freiheit des Gefangenen, wenn wir bedenken, was in diesem Raum geschrieben wurde: Briefe, die ihresgleichen in der Weltliteratur suchen, und einige Bücher, die uns anrühren. An diesem Ort wuchs ein Mann in die letzte Vollendung.
Oft wurde More mit Sokrates verglichen. Man lese nur Platons Bericht über den Tod des Sokrates. – Seneca, der Erzieher des Nero, wurde von diesem seinem Schüler, der sich zum grausamen Tyrannen entwickelt hatte, in den Tod geschickt. Die gleiche Untreue eines grausam gewordenen Königs erfuhr auch Thomas More.
Unser Jahrhundert kennt Stätten des Grauens, die den Tower in London tief in den Schatten stellen. Um so wichtiger ist für uns das Beispiel solcher Männer.

Briefe aus dem Kerker

Etwas mehr als vierhundert Jahre trennen die Briefe, die im folgenden Abschnitt zu finden sind. Das Schicksal des Thomas Morus erweist sich als atemberaubend modern: Der Mensch, der sein Gewissen an Wahrheit und Recht gebunden hat, steht dem König oder dem Staat gegenüber, der göttliche Vollmachten für sich beansprucht. Die Verwandtschaft der Briefe aus dem Tower in den Jahren 1534/1535 mit Briefen von Verfolgten der Hitlerdiktatur 1943/1945 ist nicht zu übersehen.
Beginnen wir mit einem Wort des Sokrates, das wohl allen, die später zu Wort kommen, vertraut war: „Ihr Männer von Athen, wahrhaftig, es ist nicht schwer, dem Tod zu entrinnen; aber der Schande zu entrinnen, das ist viel schwerer, denn sie läuft schneller als der Tod. Weder vor Gericht noch im Krieg darf ich oder sonst irgendein Mensch alles tun, was er kann, nur um dem Tod zu entrinnen."

Gedanken bringen den Tod

Helmuth James Graf von Moltke schrieb am 11. Januar 1945:
»Das Dramatische an der Verhandlung war letzten Endes folgendes: in der Verhandlung erwiesen sich alle konkreten Vorwürfe als unhaltbar, und sie wurden auch fallengelassen. Nichts davon blieb. Sondern das, wovor das Dritte Reich solche Angst hat, daß es fünf, nachher werden es sieben Leute werden, zu Tode bringen muß, ist letzten Endes nur folgendes: Ein Privatmann, nämlich Dein Mann, von dem feststeht, daß er mit zwei Geistlichen beider Konfessionen, mit einem Jesuitenprovinzial und mit einigen Bischöfen ohne die Absicht, irgend etwas Konkretes zu tun, und das ist

festgestellt, Dinge besprochen hat, ,,die zur ausschließlichen Zuständigkeit des Führers gehören". Besprochen war: nicht etwa Organisationsfragen, nicht etwa Reichsaufbau – das alles ist im Laufe der Verhandlung weggefallen, und Schulze hat es in seinem Plädoyer auch ausdrücklich gesagt (,,unterscheidet sich völlig von allen sonstigen Fällen, da in der Erörterung von keiner Gewalt und keiner Organisation die Rede war"), sondern besprochen wurden Fragen der praktisch-ethischen Forderungen des Christentums. Nichts weiter; dafür allein werden wir verurteilt. Freisler sagte zu mir in einer seiner Tiraden: ,,Nur in einem sind das Christentum und wir gleich: wir fordern den ganzen Menschen!"«

Thomas Morus schrieb am 31. April 1535:
»Cromwell meinte, mein Verhalten hätte wahrscheinlich auch andere dazu bewegt, in ihrer störrischen Haltung zu verharren. Ich gab ihm zur Antwort: ,,Ich habe nie für die eine oder andere Meinung Propaganda gemacht – ich habe nie einen Menschen zu beeinflussen versucht. Ich will aber meinen Sinn nicht ändern, welches auch die Strafen sind, die man mir wegen meiner Weigerung noch auferlegen wird. Ich bin des Königs Untertan und täglicher Fürbitter; ich bete für Seine Hoheit, für alle ihre Getreuen und für das ganze Reich. Ich tue niemandem Schaden an, ich sage nichts Böses, ich wünsche allen nur das Beste. Sollte das nicht genügen, um einem Menschen das Leben zu lassen, dann kann ich nicht weiter wünschen, am Leben zu bleiben."«

Die Angst des Petrus auf dem Wasser

Thomas Morus sagte zu seiner Tochter Margaret bei einem Gespräch im Tower im Frühjahr 1535:
»Müßte ich fürchten, schwach zu werden, zu fallen und aus

lauter Angst den Eid anzunehmen, so kann ich mir nur wünschen, vorher wegen meiner bisherigen Weigerung vom König bestraft zu werden; dann dürfte ich vielleicht von Gott die nötige Gnade zu weiterer Standhaftigkeit erhoffen. Ich kenne meine große Sündhaftigkeit, deretwegen mich Gott sehr wohl straucheln lassen könnte; bis jetzt verlieh er mir die nötige Kraft, im Gedanken zufrieden zu sein, eher Güter, Ländereien und sogar das Leben hinzugeben, als gegen mein Gewissen zu schwören . . .
Sollte ich plötzlich doch noch zum Nachgeben bereit sein, wenn meine Furchtsamkeit mich den falschen Weg gehen ließe, so will ich daran denken, wie der hl. Petrus bei einem Windstoß Christus anrief und ihn bat, ihm doch zu helfen; ich bin überzeugt, er wird mir seine heilige Hand reichen und mich vor dem Ertrinken in stürmischer See erretten. Sollte der Herr es geschehen lassen, daß ich die Rolle des hl. Petrus noch weiter spiele, daß ich mich ganz vergesse, schwöre und damit einen Meineid leiste (um seines Leidens willen bewahre er mich davor und lasse mir eher Schaden als Nutzen erwachsen), so würde ich auch dann noch hoffen, daß er wie auf St. Petrus auch auf mich voll zärtlichen Mitleids schaue. Er möge mich wieder erstarken lassen, mir neuen Mut geben, damit ich zu den Überzeugungen meines Gewissens stehe und den Schaden und die Schande, die ich um meiner Sünden willen verdiene, auf Erden auskosten könne. Sei versichert, Margaret, ohne meine eigene Schuld werde ich nicht untergehen. Ich will Gott mein ganzes Schicksal im größten Vertrauen anheimstellen.«

Pater Alfred Delp SJ schrieb am 18. Dezember 1944:
»Ich habe auch jetzt nicht das Gefühl, einen Abschiedsbrief zu schreiben. Immer, wenn die Entscheidung hart auf hart kommt, erscheint diese ruhige Sicherheit. Ich hab die ganze Zeit nie das Gefühl gehabt, verloren zu sein, sooft man es

auch mir gesagt hat. Irgendwo war die ganze schemenhafte Angelegenheit eine unwirkliche Sache, die mich nichts anging. Es kamen auch wieder die Stunden, in denen Petrus den Wind ernst nahm und die Wellen und anfing zu zagen. Daß Gott sich so anstrengen mußte, um mir den Blick auf den Gipfel freizumachen, hatte ich mir nicht gedacht.
Jetzt ist alles in Gottes Hand. Ich werde mich wehren, so gut es geht. Hoffentlich geht es physisch einigermaßen. Schade, daß wir vorher hier wegkommen. Drüben beginnt das Hungern wieder. Und das ist etwas ganz Schuftiges, hungrig und müde in dieser Wucht und Wut der Angriffe zu stehen. Daß ein Stück Brot eine große Gnade ist, habe ich früher manchmal gesagt. Heute weiß ich es aus bitterer Erfahrung.«

Trost für die anderen

Alexander Schmorell, Student in München, schrieb am 2. Juli 1943 an seine Schwester:
»Meine liebe, liebe Natascha! Du hast die Briefe, die ich an die Eltern geschrieben habe, sicher gelesen; so daß Du ziemlich Bescheid weißt. Es wird Dich vielleicht wundern, wenn ich Dir schreibe, daß ich innerlich von Tag zu Tag ruhiger werde, ja sogar froh und fröhlich, daß meine Stimmung meistens besser ist, als sie es früher in der Freiheit war! Woher kommt das? Das will ich Dir gleich erzählen: Dieses ganz harte „Unglück" war notwendig, um mich auf den wahren Weg zu bringen – und deshalb war es eigentlich gar kein Unglück. Vor allem bin ich froh und danke Gott dafür, daß es mir gegeben war, diesen Fingerzeig Gottes zu verstehen und dadurch auf den rechten Weg zu gelangen. Denn was wußte ich bisher vom Glauben, vom wahren, tiefen Glauben, von der Wahrheit, der letzten und einzigen, von Gott?

Sehr wenig! – Jetzt aber bin ich soweit, daß ich auch in meiner jetzigen Lage froh und ruhig, zuversichtlich bin – mag kommen, was da will. Ich hoffe, daß auch Ihr eine ähnliche Entwicklung durchgemacht habt und daß Ihr mit mir zusammen – nach den tiefen Schmerzen der Trennung – auf dem Standpunkt angelangt seid, wo Ihr für alles Gott dankt. – Dies ganze Unglück war notwendig, um mir die Augen zu öffnen, – doch nicht nur mir, sondern uns allen, all denen, die es getroffen hat – auch unsere Familie. Hoffentlich habt auch Ihr den Fingerzeig Gottes richtig verstanden. Grüße alle herzlichst, besonders sei aber Du gegrüßt von Deinem Schurik.«

Thomas Morus schrieb 1534 an seine Tochter Margaret:
Meine liebste Tochter, ich kann Dir versichern, daß diese Gedanken an den Tod mir jetzt keine Furcht mehr einjagen, sosehr sie mich vorher zu betrüben vermochten. Ich will dankbar dafür sein, daß ich seit meinem Hiersein den Tod jeden Tag weniger fürchte. Denn ich bete nicht mehr um meine Befreiung, ich bitte auch nicht mehr, daß mir der Tod erspart bleibe. Er möge alles nach seinem Gefallen lenken; er weiß ja am allerbesten, was mir wirklich bekommt. Seitdem ich hier bin, sehne ich mich weder um der Freude noch um der Bequemlichkeit willen darnach, mein Haus je wieder zu betreten. Oftmals verspüre ich wohl den Wunsch, mit meinen Freunden zu sprechen; besonders aber mit meiner Frau, oder mit Dir möchte ich mich unterhalten, denn Ihr tragt ja alle Leiden und Kümmernisse gemeinsam mit mir. Gott hat es nun einmal anders gewollt; ich empfehle Euch täglich seiner Güte und schöpfe großen Trost daraus, daß Ihr so liebevoll und friedlich beisammen lebt; möge der Herr es weiterhin so belassen. Zum Schluß möchte ich Dir noch etwas in Erinnerung rufen; ich danke Gott für den Frieden und den Trost, den er meinem Herzen gewährt. Was auch

immer Du über mein Schicksal hören magst, mach Dir keine Sorge um mich, sondern sei fröhlich in Gott.«

Abschied von der Familie

Nikolaus Gross, Redakteur der ,,Ketteler-Wacht", schrieb am 21. Januar 1945:
»Herzallerliebste Mutter! Ihr lieben guten Kinder alle! Es ist St.-Agnes-Tag, an dem ich diesen Brief schreibe, der, wenn er in Eure Hände kommt, Euch künden wird, daß der Herr mich gerufen hat. Vor mir stehen Eure Bilder, und ich schaue jedem lange in das vertraute Angesicht. Wieviel habe ich noch für Euch tun wollen – der Herr hat es anders gefügt. Der Name des Herrn sei gepriesen. Sein Wille soll an uns geschehen. Fürchtet nicht, daß angesichts des Todes großer Sturm und Unruhe in mir sei. Ich habe täglich gebetet, daß der Herr mich und Euch stark mache, alles geduldig und ergeben auf uns zu nehmen, was er für uns bestimmt oder zugelassen. Und ich spüre, wie es durch das Gebet still und ruhig geworden ist. Ich habe für jeden von Euch einen Spruch oder ein Andachtsbildchen mit einem persönlichen letzten Wort versehen. Möge es jedem eine kleine Erinnerung sein mit der Bitte, mich im Gebet nicht zu vergessen. Eine große Freude war mir das Sterbekreuz und der Rosenkranz, den Du, liebe Mutter, mir in die Zelle schicktest. Ich trage das Kreuz Tag und Nacht auf der Brust, und auch der Rosenkranz ist mein ständiger Begleiter. Ich werde Sorge tragen, daß beides in Deine Hände zurückkommt. Auch sie werden Dir Gegenstand lieber Erinnerung sein. Nun habe ich meine irdischen Angelegenheiten geordnet. Die Tage und die Stunden, die mir bleiben, will ich ganz dem Gebet hingeben. Gott möge sich meiner armen Seele erbarmen und

Euch immerdar mit seiner Gnade und seinem Segen begleiten.
In der Liebe Christi, die uns erlöste und unsere Hoffnung ist, segne ich Euch: Dich, liebste Mutter, Dich, Klaus, Dich, Berny, Dich, Marianne, und Dich, Elisabeth, Dich, Alexander, Dich, Bernhard, und Dich, Leni. Gott vergelte Euch, was Ihr mir Liebes und Gutes getan habt. Im Vertrauen auf Seine Gnade und Güte hofft auf ein ewiges Wiedersehen in seinem Reiche des Friedens. Euer Vater.«

Thomas Morus schrieb am 5. Juli 1535, einen Tag vor seiner Hinrichtung, mit Holzkohle auf ein Stück Papier:
»Meine gute Tochter, der Herr segne Dich, Deinen Gatten, Deinen kleinen Sohn, alle die Deinen, alle meine Kinder und Patenkinder und alle unsere Freunde. Empfiehl mich auch meiner guten Tochter Cecily, sobald Du Gelegenheit dazu findest. Der Herr tröste sie; ich schicke ihr und all ihren Kindern meinen Segen und bitte sie, mich in ihren Gebeten nicht zu vergessen. Gib ihr auch das beiliegende Tuch zurück. Gott tröste ihren Mann, meinen Schwiegersohn. Meine gute Tochter Dauncey hat das auf Pergament gemalte Bild der Lady Coniars, das Du mir brachtest; deren Name steht auf der Rückseite. Sag Elizabeth, sie möge der Dame das Bild in meinem Namen und zur Erinnerung an mich zurückgeben und sie auch um ein Gebet für mich bitten. Dorothy Coly habe ich sehr ins Herz geschlossen. Ich bitte Dich, sei gut zu ihr. Ob sie es wohl war, von der Du mir berichtet hast? Wenn nicht, so nimm Dich auch der anderen in ihrem Leide an. Gib auch der braven Jane Aleyne ein paar gute Worte; sie bat mich dieser Tage, Dir auszurichten, Du möchtest Dich doch um sie annehmen.
Sicher betrübe ich Dich sehr, meine gute Margaret, aber es wäre mir leid, wenn es noch länger als bis morgen dauern würde, denn das ist der Vigiltag von St. Thomas (Thomas

Becket, Erzbischof von Canterbury, der große englische Märtyrer) und der Oktavtag von St. Petrus. Gerne möchte ich morgen zu Gott gehen. Es wäre ein passender Tag.
Nie habe ich Deine Liebe mehr geschätzt als in dem Augenblick, als Du mich zum letztenmal küßtest. Ich freue mich sehr, daß die Kindesliebe sich nicht scherte um die Vorurteile der Welt. Leb wohl, mein liebes Kind, und bete für mich, wie ich für Dich und alle unsere Freunde bete, daß wir uns im Himmel fröhlich wiederfinden. Ich danke Dir für alles, was Du für mich auf Dich genommen hast. Gib meiner Tochter Clement ihre Rechentafel zurück. Mit Gott segne ich sie, meinen Patensohn und alle die Ihren. Grüße mir auch meinen Sohn, John More. Ich habe seine natürliche Art so gern. Der Herr segne ihn und seine Frau, meine Tochter; er möge sie immer von Herzen lieben, weil sie es verdient. Wenn meine Ländereien in seinen Besitz kommen, soll er mein Testament auch in bezug auf seine Schwester Dauncey beachten. Der Herr segne auch Thomas und Austen, und alle Kinder, die meinem Sohn noch geschenkt werden.«

Schließen wir mit zwei Aphorismen:
Thomas Morus 1535: »Ein Mann kann seinen Kopf verlieren, ohne dabei an seiner Seele Schaden zu leiden.«
Julius Fucik 1943: »Der Mensch wird nicht kleiner, auch wenn er um einen Kopf kürzer ist.«

More und Mindszenty

Es gab in unserm Jahrhundert nicht nur den Nationalsozialismus. Es gibt auch ein anderes System der Menschenverachtung und Menschenvernichtung. Es schreckt nicht vor dem (oft erfolgreichen) Versuch zurück, den Gefangenen ihre Identität zu rauben und sie zu willfährigen Werkzeugen in Schauprozessen zu machen, bzw. sie in psychiatrischen Anstalten verschwinden zu lassen. Wir kennen das Beispiel des Primas von Ungarn, Kardinal Mindszenty. In dem Film ,,Der Gefangene" wurde sein Schicksal geschildert.

Kardinal Mindszenty schrieb sechs Tage vor seiner Verhaftung an seine Mitbrüder: ,,Wenn Ihr später erfahren solltet, daß ich dieses oder jenes eingestanden oder daß ich abgedankt habe, dann sollt Ihr wissen, daß eine solche Erklärung nur die Folge der menschlichen Gebrechlichkeit sein kann. Ich erkläre jedes Eingeständnis, das mir von heute an zugeschrieben wird, für null und nichtig."

Thomas Morus schrieb sechs Monate vor seiner Hinrichtung an Master Leder aus dem Tower: ,,Wenn mir jemals das Unglück zustoßen sollte, den Eid zu beschwören, so könnt Ihr sicher sein, daß er mir nur durch schwere Mißhandlungen abgerungen worden ist. Sollte ich den Eid jemals schwören, so würde ich es gewiß in tödlichem Widerspruch zu meiner Gewissensüberzeugung tun."

Der Tod des Thomas More

Nach der Verurteilung in Westminster Hall wird More zum Tower zurückgeführt. Das Henkerbeil wird vorangetragen. Die Schneide zeigt auf den Verurteilten. More geht umringt von bewaffneten Soldaten. Sein Sohn John steht

am Weg. Er wirft sich auf die Knie und bittet um den Segen des Vaters.
Am Tower-Kai steht Margaret. Auch sie kniet nieder und bittet um den Segen. Aber dann springt sie auf, durchbricht die Sperre der Hellebarden und fällt ihrem Vater um den Hals. Sie kann kein Wort hervorbringen. More sagt: „Fasse dich, Meg, und fürchte dich nicht. Es ist Gottes Wille. Seit langem hast du die Geheimnisse meines Herzens gekannt."
Margaret geht zurück. Aber nach wenigen Schritten wendet sie sich nochmals um, umarmt ihren Vater nochmals und küßt ihn.
Dann geht der Verurteilte durch das sogenannte Verrätertor in den Tower.
Fünf Tage verbringt er noch in seiner Zelle. Heinrich VIII. zeigt sich „gnädig" und ändert die Art der Hinrichtung. More soll durch das Henkersbeil sterben. – In der Zelle schreibt er sein letztes Gebet und am 5. Juli seinen letzten Brief an Margaret. Darin wünscht er sich den 6. Juli als Todestag.

Dieser Wunsch wurde erfüllt. Am 6. Juli 1535 betritt früh, vor dem Morgengrauen, Thomas Pope die Zelle und eröffnet More, daß er noch vor neun Uhr sterben soll. Der König gewähre ihm die Gnade, durch das Beil zu sterben. Mores Antwort ist von Ironie durchzogen und doch ganz ernst gemeint: „Herzlichen Dank, Master Pope, für eure guten Nachrichten. Ich bin seiner königlichen Hoheit stets für die Wohltaten und Ehren sehr verpflichtet gewesen, die sie noch immer von Zeit zu Zeit höchst freigebig auf mich häuft. Ich bin seiner Gnaden verpflichtet, daß sie mich an diesen Ort gebracht hat, wo ich genügend Zeit und Muße hatte, an mein Ende zu denken. Noch mehr bin ich seiner Gnaden verpflichtet, daß es ihr gefallen hat, mich so bald von den Leiden dieser elenden Welt zu erlösen."

Das Hinrichtungskommando erscheint. Der Zug geht die wenigen hundert Meter zur Richtstätte auf dem Tower-Hill. More trägt ein grobes Gewand. In der Hand hält er ein Kreuz aus rotem Holz. Da er durch die lange Haft sehr geschwächt ist, bittet er den Scharfrichter, ihm die Stufen zum Schafott hinaufzuhelfen, hinunter käme er schon alleine.

Oben auf dem Podium kniet More nieder und betet den ihm so vertrauten 51. Psalm: „Gott, sei mir gnädig nach deiner Huld." Dann sagt er zu den Umstehenden, daß er hier und jetzt im Glauben und für den Glauben der katholischen Kirche den Tod erleide. Er bittet sie, in dieser Welt für ihn zu beten, und er wolle anderswo für sie beten. Dann bittet er sie, ernstlich für den König zu beten, damit es Gott gefalle, ihm guten Rat zu geben. Er schließt mit dem Satz: „Ich sterbe als des Königs treuer Diener, aber als Gottes Diener zuerst." (Wenige Tage später werden diese Worte in Paris veröffentlicht und so in ganz Europa bekannt.)

Der Scharfrichter kniet nieder und bittet nach der Sitte um Verzeihung. More umarmt ihn. Dann kniet er nieder und legt seinen Hals auf den Richtblock. Das Henkersbeil trennt den Kopf vom Rumpf.

Es gelingt nicht, ihn zu vergessen

Als die Nachricht vom Tod des Thomas Morus durch Europa ging, rief Kardinal Reginald Pole aus: „Ermordet, ermordet habt ihr den besten aller Engländer!“ Europa hielt den Atem an. Aber bald schon schien die Geschichte über More hinwegzugehen wie über eine Episode, über einen gescheiterten Versuch. Nur die Verwandten und Freunde hielten sein Andenken wach.

Aber ein solcher Mann konnte nicht vergessen gehen. Mitten in den Turbulenzen der europäischen Geschichte taucht Thomas More immer wieder auf. Immer wieder erscheinen Bücher über ihn. Seine Werke werden gedruckt. Vor allem die Utopia erlebt Auflage um Auflage. Schauspiele werden geschrieben und aufgeführt.

In unserm zwanzigsten Jahrhundert erreicht diese Entwicklung ihren Höhepunkt. Niemals gab es so viele Bücher über Thomas More. Niemals war die Zahl seiner Freunde so groß. Seine Kirche hat ihn 1886 selig und 1935 heilig gesprochen.

Das Datum der Heiligsprechung war besonders für Deutschland bedeutsam, denn damals waren bereits die ersten christlichen Zeugen von den braunen Machthabern umgebracht worden, und noch viele sollten ihnen folgen.

Es ist unmöglich, diesen Versuch eines Christenlebens zu übersehen.

Wer mehr lesen will

Folgende deutsche Übersetzungen von Mores Werken sind zur Zeit der Drucklegung lieferbar:
THOMAS MORUS WERKE, herausgegeben von Hubertus Schulte Herbrüggen, Kösel-Verlag, München:
Band 1: Gebete und Meditationen
(Hubertus Schulte Herbrüggen)
Band 2: Epigramme (Uwe Baumann)
Band 3: Die Geschichte König Richards III.
(Hans P. Heinrich)
Band 4: Die vier letzten Dinge (Friedrich-Karl Unterweg)
Weitere Bände in Vorbereitung.

UTOPIA, übersetzt von Gerhard Ritter, Recalm Universalbibliothek 513/14.
UTOPIA, übersetzt von Alfred Hartmann, Diogenes Taschenbuch 20 420.
UTOPIA, übersetzt von H. M. Endres, Goldmanns Gelbe Taschenbücher 662.
THOMAS MORUS PRIVAT (Briefe) Auswahl und Übersetzung: Ruth und Walter Schirmer, Hegner-Bücherei.
WORTE DER ERMUTIGUNG. Auswahl und Übersetzung: Maria Otto, Verlag Herder.

Bücher über Thomas Morus:
Bildmonographie: Thomas Morus von Hans Peter Heinrich, rororo Monographien 331.
Bildband: Thomas Morus von Walter Nigg und Helmut Nils Loose, Verlag Herder.
Die Stunde des Thomas Morus von Peter Berglar, Walter-Verlag.
Jahrbücher der Thomas-Morus-Gesellschaft, ab 1981, Triltsch Verlag.